Martin Fieber (Hrsg.)

Dein Seelenbuch
Das wichtigste Buch deines Lebens

Martin Fieber (Hrsg.)

Dein Seelenbuch
Das wichtigste Buch deines Lebens

Bergkristall Verlag GmbH, 32108 Bad Salzuflen
Krumme Weide 30
Tel.: 05222 – 923 451
Fax: 05222 – 923 452
info@bergkristall-verlag.de
www.bergkristall-verlag.de
1. Auflage 2010
Umschlag und Satz: Bergkristall Verlag GmbH
Druck und Bindung: GGP Media GmbH, Pößneck

ISBN 978-3-935422-40-6

Die Liebe ist der einzige und höchste Quell an Energie. Wenn ein Mensch ohne Liebe lebt, so geht ihm sehr viel Energie verloren und auch Tage seines irdischen Daseins. Ohne Liebe geht es nicht, auch nicht ohne Selbstliebe.
Elias

Inhaltsverzeichnis

Vorwort *9*
Einleitende Worte von Elias *10*
Was ist ein Seelenbuch? *11*
Das 1. Kapitel deines Seelenbuches:
    Dein Karma – Dein Schicksal *23*
Das 2. Kapitel deines Seelenbuches:
    Deine Lebensaufgabe *48*
Das 3. Kapitel deines Seelenbuches:
    Die Entwicklung der eigenen Seele
    in der jetzigen Inkarnation *61*
Das 4. Kapitel deines Seelenbuches:
    Die Entwicklung der eigenen Seele
    mit dem karmischen Rat
    besprechen *71*
Verschiedenes zum Seelenbuch *80*
Das Seelenhaus *104*
Der Seelenstein, das Seelentier,
    der Seelenbaum, die Seelenblume *108*
Das Seelenbuch und die
    Akasha-Chronik *110*
Das Seelenbuch und das Gedankenbuch *113*

Der Seelenroman *123*
Das Gruppenseelenbuch *124*
Partnerschaft – mehrere Seelenbücher *134*
Loslassen *143*
Ein materielles Seelenbuch anlegen *154*
Ein Abgaberitual *156*
Abschlusssätze *159*
Wer ist Elias? *163*
Was sagt Elias zu seinem eigenen
        Seelenbuch? *164*

Vorwort

Mit Freude darf ich dieses wegweisende Werk von Elias präsentieren, das wieder in seiner unnachahmlichen Art geprägt ist. Mit seiner kristallklaren und gleichzeitig einfachen Wortwahl hat Elias schon die Herzen tausender Leser erobert.

Elias arbeitet als Lichtträger im Spirituellen Forschungskreis Bad Salzuflen e.V. und hat in den letzten knapp 25 Jahren in persönlichen Gesprächen schon unzähligen Menschen geholfen.

Mögen Sie viel Freude und Seelenberührung mit diesem Buch geschenkt bekommen. Mögen Sie erkennen, dass Ihr eigenes Seelenbuch wahrlich das wichtigste Buch der ganzen Welt ist.
Martin Fieber

Einleitende Worte von Elias

Wir hoffen, dass das Buch, in dem ihr gerade lest, für euch Früchte trägt. Arbeitet an euch, ich habe euch genügend Material mitgegeben, eure Seelenbücher zu schreiben und darin zu arbeiten. Nicht nur zu schreiben, sondern auch mal durchzustreichen. Was sich aufgelöst und verändert hat, ist ebenfalls sehr wichtig. Nehmt dieses Buch als kleines Studienbuch.

Was ist ein Seelenbuch?

Was ist ein Seelenbuch?
Ein Seelenbuch wird von dem Moment an geschrieben, wenn eine Seele hier im Irdischen inkarniert. Für jede einzelne Inkarnation einer Seele gibt es im geistigen Reich ein Seelenbuch. Wir haben eine große Bibliothek bei uns, die von Geistwesen geleitet wird. Das Seelenbuch beinhaltet, wie es das Wort schon sagt, das Leben der Seele. Es wird alles niedergeschrieben, was die einzelne Seele betrifft. Das heißt, es wird nicht das geschrieben, was gedacht wird, was der Geist durch die äußeren irdischen Einflüsse denkt, sondern es wird das geschrieben, was auf der Gefühlsebene einer Seele geschieht. Sei es im Positiven, sei es im Negativen, in sämtlichen Facetten der Aspekte, die jede Seele mitbringt oder sich hier im Irdischen zusätzlich erarbeitet.

Was bezweckt ihr mit dem Seelenbuch?
Alles in dem Seelenbuch wird von der jeweiligen Seele selbst geschrieben. Das Vorstellungsvermögen sollte bei euch soweit ausreichen, zu erkennen, was ihr fühlt. Die Gefühle werden dann von der Seele symbolisch an eure Geistführung gegeben und diese gibt die Information weiter ins geistige Reich zu einem Schreiber, der für euer Seelenbuch zuständig ist. Ja, es gibt für jede Seele ein Geistwesen, das im geistigen Reich euer Seelenbuch für euch schreibt.

Was steht in einem Seelenbuch?
Im Seelenbuch stehen alle eure Empfindungen, alle emotionalen Äußerungen, positive sowie negative. Und dieses Buch wird dann, wenn ihr, wenn eure Seele ins geistige Reich zurückkehrt, euch übergeben. Und darum ist es für uns von geistiger Seite so wichtig, euch hier im Irdischen darauf aufmerksam zu machen, dieses Seelenbuch möglichst in einer eigenen Wahrhaftigkeit

zu schreiben, damit es nicht ganz so negativ ausfällt.

Was wir damit erreichen möchten, ist, dass eure Seelen lernen, zu euren eigenen Gefühlen, Wahrnehmungen, zu euren eigenen tatsächlichen inneren Bedürfnissen, Gedanken und Phantasien zu stehen, und dass ihr lernt, diese vielfältigen Empfindungen auch anzunehmen. Und daraus resultiert dann euer eigenes ‚Ich bin Ich'. Fragt euch: „Wer bin ich? Was ist meine Aufgabe hier in meinem Leben? Wie gehe ich hier im Irdischen mit mir um? Was lasse ich zu? Wovor habe ich Angst? Was kann ich verändern? Wie kann ich mein Leben so leben, dass es für mich mit meinem Umfeld im Positiven ist?"

Das heißt aber auch, eure irdischen Problematiken zu erkennen. Und darum ist es für uns immer wieder wichtig, euch mitzuteilen, ein irdisches Seelenbuch zu schreiben, damit ihr euer eigenes Leben auf der emotionalen Ebene klarer erkennen könnt. Denn es ist wichtig, dass ihr für euch und nicht für andere an eurem Seelenbuch arbeitet.

Achtet aber darauf, dass ihr wahrhaftig schreibt. Es gibt nämlich auch die Menschen, die das begnadete Talent haben, schön zu schreiben, also sich selbst noch zu betrügen, indem sie nicht ihre wirklichen Gefühle niederschreiben. Später im geistigen Reich werden diese Seelen entsetzt sein, wenn sie ihr eigenes tatsächliches Seelenbuch lesen.

Das heißt, dass wir mit einer solchen Schönschreiberei unsere eigene Entwicklung gefährden?
Natürlich. Dann gilt es, in einer wahrhaftigen Spiritualität daran zu arbeiten, und eure eigenen Wahrnehmungsantennen so in eine Form zu bringen, um diese Schönschreiberei zu erkennen und zu erspüren. Manche Schönschreiber merken nicht, dass sie nur schönschreiben.

Da die Menschen dies nicht merken, passiert das dann völlig unbewusst?
Ja. Das Leben beinhaltet ja für jeden immer wieder Komplikationen und Schwierigkeiten.

Das heißt, die Entwicklung im geistigen Reich ist abhängig davon, was im Seelenbuch steht.
Ja, richtig.

Mich stört es aber, wenn sich manche in ein helles Licht setzen, und es eigentlich ganz anders meinen, nur um auf sich aufmerksam zu machen.
Dann gilt es für dich, dein eigenes Bewusstsein, deine eigene Gefühlswelt mal freizugeben und für den anderen Verständnis aufzubringen und nicht aus deinem eigenen Egoismus heraus zu handeln oder zu reagieren oder aus einer falschen bestehenden Verletzlichkeit oder Verletzbarkeit. Die Sensibilität ist einer jeden Seele gestattet

und jede sollte sie auch besitzen, denn ansonsten können ja die Dinge, die gefühlt werden, nicht in das Bewusstsein durchdringen. Der Geist müsste dann mal ein wenig auf der emotionalen Ebene in einen Gleichklang gebracht werden, woraus dann resultierend eine Entscheidung getroffen werden kann. Lasse also nicht den Geist vorherrschen, sondern lerne, im ‚sowohl als auch' zu leben. Lerne, einig mit dir zu werden, mit deinem Geist und deinem eigenen irdischen Bewusstsein sowie mit deiner Gefühlswelt und dem Verständnis mit anderen Menschen zu leben, ohne zu hadern oder daran krank zu werden oder, oder oder.

Es gibt eine Vielzahl von Facetten, welche Möglichkeiten sich die Menschen dann in ihrer Situation wählen, um entweder auf sich aufmerksam zu machen oder Situationen zu verdrängen oder Situationen konsequent leben zu wollen, ohne eigene Verluste zu sehen. Oftmals nehmen Menschen dann auch die Möglichkeit in Anspruch, ihren Fanatismus in sich selbst aufleben zu lassen und nicht links und rechts zu schauen. Sie gehen dann in eine Starrheit hinein. Es gibt Tausende von Möglichkeiten. Die einzige wichtige Möglichkeit ist aber, mit sich selbst in Einklang zu kommen.

Wird es nicht immer schwieriger, in den jetzigen gesellschaftlichen Verhältnissen, in denen wir leben, überhaupt in einen solchen Frieden, in einen solchen Einklang zu kommen?
Wir von geistiger Seite aus erkennen klar, was sich schon seit Urzeiten auf diesem Planeten abspielt. Es ist der Kampf zwischen Gut und Böse. Durch die negative Beeinflussung wird der Egoismus des Menschen immer weiter vorangetrieben, sei es durch die Medien, durch das Umfeld, durch die Gegebenheiten im Leben. Dadurch kann die negative Seite so manipulieren, wie sie es möchte. Es gibt nur einen ganz kleinen

Teil, einen Miniaturteil von Menschen, die diesen Egoismus nicht leben. Es sind die, die sich jeden Tag mit ihren Gefühlen harmonisch auseinandersetzen. Damit dies immer mehr Menschen tun, ist das Seelenbuch so unendlich wichtig.

Das Leben wird irgendwie immer schwieriger.
Aber im Moment ist es eben so, dass eine ganz große Form von Egoismus über diesen Planeten schwappt. Und die Menschen greifen danach. In der Oberflächlichkeit hören sie zwar zu, aber tatsächlich wollen sie es gar nicht, weil sie viel zu faul sind, sich tatsächlich sich mit sich selbst auseinander zu setzen. Es ist zu anstrengend. Und alles was anstrengt, wird weggeschoben, und die Medien, wie gerade gesagt, beeinflussen und sorgen dafür, dass die Seelen von sich selbst abgelenkt werden. Sich berieseln lassen ist einfach und es strengt nicht an. Ich weiß, dass das deutliche Worte sind.

Wenn Menschen diese Seelenbücher schreiben und versuchen, mit sich im Einklang zu sein, was hätte das für Folgen?
Für die einzelnen hätte es die Konsequenz, dass sie mit sich in den Frieden kommen. Und dann wird es irgendwann für die Seelen die große Erkenntnis geben. Und erst dann – wie sagt ihr immer so nett: back to the roots – kommt jede Seele zurück zum Eigentlichen. Zum eigentlichen Ursprung seiner Selbst, zu sich selbst. Und wenn ihr im Kleinen beginnt, über euer Leben, über euer Seelenbuch nachzudenken, Vorreiter zu sein, diese Dinge für euch zu tun, dann ist es schon ein großer Schritt für uns im geistigen Reich.

Wie können wir mit unserem Seelenbuch arbeiten?
Es geht darum, dass ihr lernt, in eurem Seelenbuch zu forschen, welche positiven Aspekte vorhanden sind und was das Gute an euren Seelenanteilen ist. Wir Geistwesen

wollen nicht immer nur von euren Negativanteilen hören, da sie von eurer Gedankenstruktur immer zuerst erkannt werden. Wir möchten lieber sehen, wie ihr diese positiven Seelenanteile in euer Seelenhaus integriert. Wo sind sie dort? Wo sind sie präsent? Wann leben sie? Wie leben sie? Lasst ihr sie überhaupt leben?

Es geht im Grunde genommen darum, euer eigenes Leben im Positiven anzunehmen und es in eurem eigenen Leben größer werden zu lassen, um eurer Seele die Unterstützung zu geben, die positiven Anteile aufleben zu lassen. Das ist der Sinn und Zweck des Seelenbuches. Warum wir dies so machen, hat folgenden Sinn und Zweck: Wir möchten euch helfen, eure Seele zu stabilisieren, sie aufzubauen, sie zu stärken, sie größer werden zu lassen, sie zu unterstützen. Wir würden uns wünschen, dass ihr diese Dinge viel tiefer in euer positives Bewusstsein hinein nehmt.

Wir sollen nur die positiven Anteile hineinschreiben?

Nein, nicht nur, aber ihr könnt dadurch lernen, den Schwerpunkt auch mal auf die positiven Aspekte zu legen. Wie schwierig ein Erdenleben ist, dass es Höhen und Tiefen hat, dies kennt ihr alles schon, dies lebt ihr ja auch tagtäglich. Nur in euren eigenen Denkstrukturen sind immer wieder zu 85% die Anteile des negativen Denkens vorhanden. 85 % sind zuviel. Dadurch vergesst ihr eure positiven Anteile. Alles was schwer ist, wird zu einer großen Last. Alles was ganz schwer ist, wird zu einer Riesenlast. Ihr, die ihr hier im Irdischen seid, und zwei Varianten erlebt – zum einen die physische, zum anderen die seelische Variante des irdischen materiellen Klarkommens – habt es euch selbst so ausgesucht.

Ihr seid ja deswegen auch inkarniert, um mit eurer Seele vorwärts zu kommen. Und da wir die Möglichkeit haben, mit euch zu arbeiten, ist es uns ganz wichtig, die positiven Anteile des irdischen Lebens, welche für eure Seelen hier im Irdischen maßgebend sind, in euer Bewusstsein zu bringen und dann zu manifestieren, damit die negativen Anteile, die euch immer wieder begleiten werden, und die wir nicht alle von euch fernhalten dürfen, verschwinden können. Leider machen euch eure negativen Anteile auf Dauer krank. Deshalb machen wir mit dem Thema Seelenbuch eine Gesundheitskur.

Das 1. Kapitel deines Seelenbuches: Dein Karma – Dein Schicksal

Was hat das Seelenbuch mit unserem Karma zu tun?
Was ganz stark mit einem Seelenbuch verbunden ist und was auch in einem Seelenbuch steht, ist das große Thema Karma, oder auch Schicksal. Das Karma ist das Einleitende in eurem Leben, auch in eurem Seelenbuch, was ihr euch schon im geistigen Reich vor eurer Inkarnation aufgeschrieben habt. Ihr legt euer Karma selbst, aber gemeinsam mit dem karmischen Rat fest, egal wie es aussieht und welche Facetten es hat.

Was ist der karmische Rat?
Der karmische Rat ist eine höhere Instanz bestehend aus Lichtträgern, die mit der Seele, die gerade ins geistige Reich gekommen ist, über die vergangene Inkarnation spre-

chen. Der Seele wird die vergangene Inkarnation noch einmal gezeigt und dann wird über einige Lebensstationen gesprochen, die für die Entwicklung der Seele im geistigen Reich letztlich nicht gut waren. Die Seele selbst entscheidet dann im geistigen Reich den weiteren Entwicklungsweg.

Wir legen unser Leben mit dem karmischen Rat fest, bevor wir inkarnieren?
Euer Karma ist sozusagen das erste Kapitel. Und selbst wenn euer Leben Facetten hat, die keinen positiven Aspekt haben, die dort euch aber in Zweifel bringen sollen, dann müsst ihr auch mal versuchen, daran zu denken, dass dies vielleicht genau so von euch gewünscht wurde, diese Erfahrungswerte zu leben, diese negativen Eindrücke zu leben, sei es für die Entwicklung eurer eigenen Seele, sei es für die Entwicklung einer anderen Seele. Sei es für die Entwicklung im geistigen Reich, um dort weiter zu kommen, sei es für die eigene Entwicklung

im Irdischen, um daran zu arbeiten, den eigenen Glauben zu festigen und zu stärken. Dies sind alles Fragen, die ihr euch immer wieder stellen solltet, bevor ihr in die Verzweiflung oder in den Unglauben geht, um so mit negativen Denkstrukturen die negative geistige Welt erst richtig einzuladen.

Unsere Einstellung rutscht immer in negative Strukturen ab, möchtest du sagen.
Ja, ich möchte euch deutlich bitten, euch daran zu erinnern, was positiv bei euch ist, was euch tatsächlich im Inneren bewegt, was Gutes da ist. Dadurch könnt ihr lernen, diese negativen Denkstrukturen einmal fallen und kleiner werden zu lassen. Denn ihr spürt ja, dass der Einfluss der negativen Seite und ihrer Kraft immer schlimmer wird. Diese unguten Energien steigen immer mehr an und wir versuchen mit euch an eurem positiven Denken zu arbeiten, damit ihr für diese negativen Angriffe gestärkt seid. Es ist zu eurem eigenen Schutz.

Brauchen wir diese negativen Erfahrungen, um uns zu entwickeln?

Ja. Ihr wisst, dass ihr hier seid, um mit euren Seelen in eine weitere Entwicklung zu gelangen. Niemand der hier ist, kommt umsonst. Jeder, der dieses Buch liest, nimmt einen Teil an Bereicherung mit. Diese Bereicherung aber in euer irdisches Leben umzusetzen, fällt euch sehr schwer. Immer wieder versucht dann die negative Seite, euch auf eurem spirituellen Weg zu blockieren. Diese ungute Kraft weist euch immer wieder in Schranken, die ihr dann versuchen müsst, zu umgehen, oder die Schranke anzuheben, um darunter hergehen zu können, oder aber auch über sie zu springen. Das beinhaltet für jeden einzelnen hier im irdischen Leben, dass kaum jemand ein absolut positives Erdenleben hat.

Ihr seid alle hier, um euch zu entwickeln und ihr wollt diese Entwicklung auch. Vieles steht in eurem Schicksal, in eurem Karma geschrieben, das dann neue Türen öffnet, um von euch gelebt zu werden. Es wird von euren eigenen Seelen eingefordert, wobei es dann in eurem jetzigen irdischen Verständnis unklar ist, warum es den einen oder anderen trifft. Aber es gehört zu der jeweiligen Entwicklung. Es gilt immer wieder das Prinzip, auch die Problematiken im Irdischen anzunehmen. Die Problematiken nicht auslachen, oder hochmütig werden und sagen: „Ich nehme sie leicht an", sondern immer wieder die Demut vor dem Leben davor setzen. Dann könnt ihr sagen: „Ja, so ist jetzt meine Situation und ich lebe mit ihr, aber ich nehme für mich ganz viel Positives heraus."

Wieso suchen wir uns so extreme und schwierige Situationen aus?
Eure Seelen wollen in diesem irdischen Leben diese Entwicklungen durchgehen, damit ihr euch ein seelisches und geistiges Potential aneignen könnt, um euch dann im geistigen Reich weiterzuentwickeln. Ihr

wählt euch wirklich diese Schwierigkeiten in eurem Leben.

Je mehr eine Seele sich spirituell weiterentwickeln möchte, desto mehr versucht die negative geistige Welt diese Entwicklung zu unterbinden. Deshalb sage ich immer, dass es wichtig ist, in der Mitte zu bleiben. Passt auf, dass ihr nicht energetisch in eine Depression verfallt und diese mit der Frage „Warum passiert mir das immer?" auszugleichen. Hier muss ich ganz klar sagen, das passiert nicht nur einem einzelnen, sondern tagtäglich vielen Millionen Menschen, dass sie negative Erfahrungen machen, negative Nachrichten bekommen, negative Gefühle bekommen, die dann aber auch in ihren eigenen Entwicklungsweg mit hinein gehören. Die Kernfrage ist, wie ihr euch daraus entwickeln könnt. Was ist der positive Anteil dabei, welcher Lernaspekt ist für euch hier versteckt? Ich weiß, dass es eine schwierige Sache ist, das gedanklich so umzusetzen, aus negativen Geschehnissen etwas Positives herauszuziehen. Also lasst es uns üben.

Vielen Menschen geht es bei Problemen so schlecht, dass sie energetisch ganz schnell abstürzen, d.h. die Seelen gehen in eine Depression. Sie rutschen in den Mechanismus des ‚Armen Ichs' hinein und fragen sich: „Warum immer ich?" Damit laden die Menschen diese Negativenergien noch weiter ein. Wir versuchen aber immer, wenn ihr uns bittet, eure Seele energetisch stabil zu halten, damit ihr hier im Irdischen gut durch das Leben gehen könnt.

Jede Seele möchte also hier auf der Erde lernen, auch, um dein Beispiel zu nehmen, nicht in eine Depression abzustürzen.

Ja, natürlich. Jede Seele inkarniert, um zu lernen und auch die Schwierigkeiten und Problematiken hier im irdischen Dasein zu bewältigen. Natürlich hat der eine mal mehr Probleme und der andere mal weniger und der dritte gar keine. Es heißt aber nicht, je schwieriger ein Leben ist, umso mehr hat eure Seele gelernt und begriffen, sondern ihr sucht euch für eure eigene seelische Entwicklung später im geistigen Reich euer Karma und eure Lebensaufgabe selbst aus. Dahinter steht immer noch der Botschafter Jesus Christus und seine Mission, um etwas für den Planeten, für die Menschen und ihre Seelen zu erreichen. Danach möchtet ihr leben und deshalb wollt ihr die Menschen auch ein kleines Stück begleiten, um etwas in ihrem Karma aufzulösen. Dann ist es aber auch wieder wichtig loszulassen, so wie es im Fächer eures Lebens steht.

Was meinst du mit Fächer?
Damit meine ich die verschiedenen Möglichkeiten, die in eurem Leben stehen. Euer Lebensfächer öffnet sich, wenn ihr die Inkarnation beginnt. Alle Türen, also alle Möglichkeiten, sind zu diesem Zeitpunkt gegeben. Wenn ein Schicksal gelebt wird, ein Karma, und es tritt eine neue Lebenssi-

tuation ein, dann öffnet der Fächer eurer Möglichkeiten eine neue Tür. Und dahinter steht eine neue Entwicklung, was aber auch dann wieder schicksalsträchtig ist. Dies bedeutet, dass dann Erlebnisse gelebt werden müssen, die wiederum wichtige Entscheidungen beinhalten, und so weiter, und so weiter.

Also, im Rahmen des Fächers gibt es schon Grenzen. Es gibt nicht 1.000 Möglichkeiten, sondern es gibt vielleicht 20 bis 30.
Ja, so ungefähr. Wenn bei einer Seele allerdings sehr viel Karma erledigt und aufgearbeitet wird, dann gibt es natürlich mehr als 20 Möglichkeiten. Wenn alle offenen Türen des Fächers begangen sind, ist damit auch das irdische Leben beendet.

Ein Karma muss ja nicht immer negativ sein. Es kann ja auch positiv sein.
Natürlich. Ein Karma muss nicht immer etwas mit schmerzenden Begegnungen zu

tun haben, sondern ein Karma kann auch eine fruchtbare Begegnung sein. Ein Karma kann auch die große Seelenliebe beinhalten. Karma ist oft auch etwas sehr Gutes. Viele Menschen sehen immer in diesem Begriff, weil es euch so eingeredet wird, immer nur was Schlechtes und was Schweres, das man aufarbeiten muss. Nein, man kann auch ein Karma genießen, wenn man es denn möchte.

Es kommt also immer darauf an, wie es der einzelne Mensch sieht, ob es das Schicksal jetzt mit einem gut oder nicht gut meint.
Genau. Wie geht jeder mit dem Schicksal um? Es gibt Menschen, die eine kleine Verletzung haben und jammern, und es gibt welche, die ein schweres Los tragen und dabei Freude empfinden. Es kommt immer auf die einzelne Seele an. Und darum ist es ja so wichtig, dass ihr ein Seelenbuch führt, um zu erkennen und euch Fragen zu stellen: „Was mache ich mit meiner Seele hier im

irdischen Dasein? Was mache ich hier? Wie gehe ich mit meiner Seele um?"
Es kann ganz viele Dinge im Leben geben, die einen negativen Charakter haben. Trotz alledem könnte eine jegliche Seele das Leben auch so annehmen und trotz der Problematiken und Schwierigkeiten noch wahrhaft lachen und eine Lebensfreude leben, die einfach dann einen großen Aspekt hat, woraus diese Seele sich ihre Lebensenergie holt. Wo nehmt ihr eure Lebensenergie her?

Aus den kleinen freudigen Dingen des Lebens.
Ja. Die kleinen Dinge im Leben sind ganz wichtig, nicht die großen. Ihr müsst nicht große Diamanten von 110 Karat tragen, um aus diesen Diamanten eine Energie zu bekommen. Diese Energie geht dann sowieso in den Kosmos, weil sie zuviel für euch ist und von euch gar nicht aufgenommen werden kann. Ist es aber ein Diamantensplitter und ihr liebt diesen Splitter mit eurer gan-

zen Seelenliebe, dann könnt ihr aus diesem Stein euch die Energie immer wieder zukommen lassen, weil ihr mit dem Stein verbunden seid und der Stein von uns Geistwesen immer wieder mit Energie aufgefüllt wird. Was wir immer wieder sagen: In der Einfachheit steckt die Kraft, nicht in dem Großen. In der Einfachheit werdet ihr die Dinge wesentlich strukturierter erkennen und für euch klarer haben als große Ereignisse, die euch dann nur faszinieren und in Euphorie bringen und euch letztendlich Energie abzapfen.

Wenn ich mein Karma auf der Erde erfüllt habe, ist es dann so, dass ich auch mein Leben erfüllt habe?
Wenn ein Lebensabschnitt zu Ende ist und euer Gefühl euch sagt, dass ihr dieses Karma im Irdischen bewältigt habt, dann gibt es schon das nächste. Es hört nicht auf, bis zu dem Zeitpunkt, wenn die Seele wieder zurück im geistigen Reich ist.

Brauchen wir Ruhephasen für unsere Seele, um die nächsten Aufgaben auch gut anzugehen?
Ja, das muss sein. Diese Ruhepausen braucht eine Seele. Außer es gibt Seelen, die nicht zur Ruhe kommen. Diese Seelen spüren dann eine dauerhafte Unruhe. Aber wir Geistwesen geben der Seele dann eine Pause, um ihr wiederum die Möglichkeit zu geben, sich von dem Alten, was erledigt ist, auch tatsächlich loszulösen und bereit für das nächste Karma zu sein.

Eine Krankheit wäre dann so eine Pause?
Nein. Eine Krankheit heißt ja etwas zu bearbeiten, das wäre ja keine Pause. Bei einer Pause, die wir meinen, bringen wir den Körper der Seele in eine Ruhe und zum Liegen. Aber einfach nur, um der Seele eine Erholungsphase zu geben.

Bei mir kommt bei diesem Lebensfächer das Bild, dass sich die Wirklichkeit herausfaltet,

wissenschaftlich gesprochen. Ist das Karma dann sowieso immer ein Lebensfächer, wo man sich nur an gewissen Punkten entscheidet?
Ja, es ist so ähnlich wie ein Energieknoten. Man hat ein langes Lebensband, und auf diesem Lebensband gibt es dann Entwicklungsknoten.

Ihr seht immer nur einen Strauß von Möglichkeiten, der potenziell wahrscheinlicher ist, als ein anderer?
Ja, richtig. Es ist genau wie das Bild der Sonnenblume. Die Sonnenblume wächst und ihr geht in eurem Leben den Stängel hoch. Manchmal weicht ihr auf die einzelnen Blätter der Blume aus. Dadurch kann es einige Um- und Irrwege auf eurem Lebensweg geben. Wenn ihr merkt, dass dieser Weg eurer Entwicklung nicht gut tut, dann geht ihr wieder das Blatt zurück und den Stängel hoch, bis ihr dann irgendwann im geistigen Reich, also mitten in der Blüte

der Sonnenblume angekommen seid. Somit ist jedes einzelne Blatt, was am Stängel wächst, immer wieder ein Knotenpunkt, wo ihr dann gut entscheiden müsst, ob ihr den Weg geht oder nicht. Wir Geistwesen stehen dann dahinter und schauen uns die einzelnen Punkte der Entscheidung an. Und letztendlich steht es dann in eurem Seelenbuch, was im Karma vorgegeben war, wie ihr am Ende entschieden habt und wie sich das dann im Nachhinein auf den Fortgang eurer weiteren Entwicklung ausgewirkt hat.

Haben die übrigen Seelenanteile von mir Einblick auf dieses Buch?
Ja, natürlich.

Dann kann ich mich nachts mit meinen Seelenanteilen verbinden, um dort Einblick zu haben?
Es ist machbar. Aber es muss nicht nachts sein, denn nachts geht ja dein anderer Seelenanteil sowieso in das geistige Reich zu

Schulungen. Vergesst nicht, dass sieben Achtel eurer Seele immer im geistigen Reich verweilen, was euer Höheres Selbst ist.

Du erwähnst immer wieder die negative Welt. Woran liegt es denn, dass die negativen Angriffe immer stärker werden?
Nun, das liegt an der gesamten Konstellation des Planeten. Der Kampf um diesen Planeten geht immer weiter, er wird immer größer. Um in euren Worten zu sprechen: Gut gegen Böse, die Harmageddon-Schlacht. Je mehr eben auch Ashtar Sheran und die Santiner *(eine außerirdische Menschheit aus dem Sonnensystem Alpha Centauri; lesen Sie hierzu die Bücher über die Santiner in unserem Verlag; Anm. d. Hrsg.)* versuchen, diesen Planeten durch ihre Strahlengürtel mit Energien zu umgeben, umso mehr hat die negative Welt dadurch einen Verlust. Deshalb versucht die Negativität jeden einzelnen positiven Ge-

danken, jedes einzelne positive Gefühl bei den Menschen, die einen spirituellen Weg gehen oder die eine gewisse Form von Sensibilität besitzen, zu vernichten.

Was ist der Unterschied zwischen Schicksal und Karma?
Dort gibt es keinen Unterschied.

Elias, was können die Leserinnen und Leser auf den leeren Seiten eintragen?
Es befinden sich in diesem Buch leere Seiten, die dafür da sind, dass jeder seine Gedanken und Gefühle hineinschreiben kann. Dies ist ganz wichtig. Wenn ihr dieses Buch hier lest, dann seid ihr mit eurer Seele präsent. Denn dann kommt irgendwann der erste Impuls, die Inspiration, mit dem Schreiben zu beginnen, um die Fragen für sich selbst zu beantworten.
Wir vom geistigen Reich würden aber auch empfehlen, ein eigenes Seelenbuch anzule-

gen, damit ihr dann über euer ganzes Leben wie in einem Tagebuch schreiben könnt.

Auf den folgenden Seiten können Sie Ihre eigenen Gedanken und Empfindungen zu Ihrem Karma oder Schicksal eintragen. Außerdem schlägt Elias die Beantwortung der folgenden Fragen als sinnvoll für Ihr Leben vor.

• *Wer bin ich?*
• *Was ist meine Aufgabe hier in meinem Leben?*
• *Warum bin ich hier?*
• *Was mache ich mit meiner Seele hier im irdischen Dasein?*
• *Wie gehe ich mit meiner Seele hier im Irdischen um? Was lasse ich zu?*
• *Wovor habe ich Angst?*
• *Was kann ich verändern?*
• *Wie kann ich mein Leben so leben, dass es für mich mit meinem Umfeld im Positiven ist?*

Das 2. Kapitel deines Seelenbuches: Die Lebensaufgabe

Was ist der Unterschied zwischen unserem Karma und unserer Lebensaufgabe?
Vor jeder Inkarnation wird das Karma, oder Schicksal, mit dem karmischen Rat gemeinsam festgelegt. Dann tritt der besagte Fächer ins Spiel. Wenn im Irdischen Schicksalsschläge eintreten, öffnet der Fächer der verschiedenen Möglichkeiten eine nächste Tür. Und dann tritt, verabredet mit dem karmischen Rat, ein neues Karma in Kraft. Jede Lebenssituation, die eure Seele hier im irdischen Leben erlebt, ist bis zu einem gewissen Punkt festgeschrieben. Die Entscheidungen, die die Menschen mit ihren Seelen hier im irdischen Leben treffen, können sich sekundenschnell ändern. Wenn ein Mensch jetzt eine Entscheidung getroffen hat und innerhalb von Sekunden diese Entscheidung widerruft, dann dreht sich der

Fächer wieder mit und es tritt eine neue Tür, je nach der Entscheidung, ein neues Schicksal, ein neues Karma in Kraft.

Und wo setzt jetzt da die Lebensaufgabe ein?
Bei der Lebensaufgabe ist es genauso, dass die Wünsche, die die Seele vor einer Inkarnation hat, noch im geistigen Reich mit dem karmischen Rat abspricht. Diese Lebensaufgaben werden dann für die Seelen in ihre Seelenbücher eingetragen. Es wird dann im Leben durch die jeweilige Geistführung versucht, diese Lebensaufgaben zu inspirieren, um sie den Seelen in ihr Bewusstsein zu bringen. Klappt dies nicht, kann eine Lebensaufgabe auch ab einem gewissen Zeitpunkt im irdischen Dasein wieder zurück genommen werden. Es kann aber auch das Gegenteil der Fall sein, dass schon im Kleinkindalter die Lebensaufgabe beginnt. Wann der Zeitpunkt einer Lebensaufgabe anfängt, ist ganz individuell.

Was ist eine Lebensaufgabe?
Was glaubt ihr? Ich möchte jetzt mal mit euch in die Philosophie gehen. Was glaubt ihr, können alles Lebensaufgaben sein?

Familie, Kinder großziehen, anderen Seelen helfen, der Beruf.
Den Beruf zur Berufung machen, ja.

Nicht in großen Dingen etwas leisten wollen, sondern dass man in kleinen Dingen das Richtige tut.
Kann auch eine Lebensaufgabe beinhalten. Richtig. Was noch?

Eine Mission. Eine wichtige Erfindung für die Menschen. Einfach an sich selber lernen, bei sich zu bleiben.
Auch. Als Medium zu arbeiten. Für andere Menschen da zu sein, diese in der Inkarnation zu begleiten.

Ist das Karma sozusagen der Pflichtanteil eines Lebens und die Lebensaufgabe die Kür?
Ja.

Und bei der Lebensaufgabe ist es nicht festgeschrieben, dass man an einen Knotenpunkt kommt, den man leben muss, sondern die Lebensaufgabe ist ein Wunsch und er könnte vom karmischen Rat genehmigt werden, muss aber nicht genehmigt werden.
Ja, genau. Es gibt immer wieder in den einzelnen Epochen des irdischen Daseins weitere Entwicklungsschübe. Dann werden wir im geistigen Reich aktiv und inspirieren manche Menschen, dass diese ihre Lebensaufgabe finden und einen Entwicklungsschritt machen. Dadurch wird aber auch wieder ein bisschen das eigene Karma abgearbeitet. Aber nicht alle unsere Inspirationen werden von euch wirklich wahrgenommen und umgesetzt, was auch daran liegt, wie eure Seelen geprägt sind.

Wie wurdet ihr von euren Eltern behandelt und erzogen? Was durftet ihr und was durftet ihr nicht? Welche Beeinflussung geht von Generation zu Generation in euren Familien immer weiter? Was liegt in euren Genen der Erbanteile, die euch in eurem Körper mitgegeben wurden? Wie wirken sich diese Gene auf euer Bewusstsein aus? Was ich damit sagen möchte, ist, dass durch die elterliche Erziehung oder die Begleitung einer Seele zum Erwachsenwerden sehr viel Schaden angerichtet werden kann, so dass einer Seele verwehrt werden kann, ihre Lebensaufgabe leben zu können.

Nur wenn alles ausgeräumt ist, nur wenn alle Blockaden beseitigt sind, um eine Lebensaufgabe leben zu können, dann kann auch eine Lebensaufgabe tatsächlich erst beginnen. Und dies beinhaltet dann unter anderem Aspekte wie Zweifel, Misstrauen, Neid, Angst, mangelnder Glaube und Vertrauen.

Auf den folgenden Seiten können Sie Ihre eigenen Gedanken und Empfindungen zu Ihrer Lebensaufgabe eintragen. Außerdem schlägt Elias die Beantwortung der folgenden Fragen als sinnvoll für Ihr Leben vor.

- *Was ist meine Lebensaufgabe?*
- *Wie wurde ich von meinen Eltern behandelt und erzogen?*
- *Was durfte ich und was durfte ich nicht?*
- *Welche Beeinflussung geht seit Generation zu Generation in meiner Familie immer weiter?*
- *Was liegt in meinen Genen, die mir in meinem Körper mitgegeben wurden?*
- *Wie wirken sich diese Gene auf mein Bewusstsein aus?*
- *Wann habe ich mir und anderen Freude bereitet?*

Das 3. Kapitel deines Seelenbuches: Die Entwicklung der eigenen Seele in der jetzigen Inkarnation

Welche Fragen könntest du uns noch mitgeben, worauf wir bezüglich unseres Seelenbuches achten sollen?
Auf der einen Seite solltet ihr euch immer wieder fragen: „Wie empfinde ich mein momentanes Leben, meine Inkarnation?" Es ist wichtig, dass ihr regelmäßig eine Bilanz zieht. „Was ist positiv in meinem Leben, was negativ, was überwiegt? Lasse ich meiner Seele genug Spielraum, sich zu entwickeln? Lasse ich andere Seelen an meiner eigenen Seelenentwicklung teilhaben oder bin ich der stumme Fisch? Welche negativen Facetten, Charakterzüge habe ich an mir, die mich behindern? Wie bin ich in meinem Urteilsvermögen mir selbst gegenüber? Wahrhaftig, nicht wahrhaftig, ein wenig wahrhaftig, lügnerisch, tolerant?"

Diese Fragen solltet ihr ganz langsam erarbeiten und Erkenntnisse daraus ziehen. Und die große Kernfrage ist: „Wo stehe ich jetzt hier heute? Was habe ich erreicht, was habe ich noch nicht erreicht?"

Auf den folgenden Seiten können Sie Ihre eigenen Gedanken und Empfindungen zu Ihrer Entwicklung in diesem Leben eintragen. Außerdem schlägt Elias die Beantwortung der folgenden Fragen als sinnvoll für Ihr Leben vor. Hier sind sie noch einmal zusammengefasst:

- *Wie empfinde ich mein momentanes Leben, meine jetzige Inkarnation?*
- *Was ist positiv in meinem Leben, was ist negativ, was überwiegt?*
- *Lasse ich meiner Seele genug Spielraum, sich zu entwickeln?*
- *Lasse ich andere Seelen an meiner eigenen Seelenentwicklung teilhaben?*
- *Welche negativen Facetten oder Charakterzüge habe ich, die mich behindern?*
- *Wie bin ich in meinem Urteilsvermögen mir selbst gegenüber? (z.B. Wahrhaftig, nicht wahrhaftig, ein wenig wahrhaftig, lügnerisch, tolerant?)*
- *Welchen Sinn hat mein Leben für meine Seele noch?*
- *Was möchte ich für meine Seele hier in dieser Inkarnation erreichen?*
- *Wo nehme ich meine Lebensenergie her?*
- *Wo stehe ich jetzt hier heute?*
- *Was habe ich erreicht? Was habe ich noch nicht erreicht?*
- *Was sind meine Wünsche an meine Seele?*

Das 4. Kapitel deines Seelenbuches: Die Entwicklung der Seele mit dem karmischen Rat besprechen

Was kannst du zu diesem Kapitel sagen?
Der letzte Schritt bei der Erstellung eurer Seelenbücher geschieht dann, wenn eure Seele wieder im geistigen Reich ist. Das ist die Schlussessenz, das Fazit, die Erkenntnisse, die ihr tatsächlich aus den vorangegangenen Kapiteln gewonnen habt, um eure eigene Seelenentwicklung dann gemeinsam mit dem karmischen Rat zu besprechen.
Es wird erörtert, wie eure Inkarnation war, das Ergebnis daraus, die Entwicklung daraus, die Vereinbarungen, die ihr vorher getroffen hattet, woraus das Karma entstanden ist. Dann erkennt ihr, was ihr tatsächlich gelebt habt und wie ihr euch nach der Erkenntnis, wie das Leben gelaufen ist, entscheidet, welchen Entwicklungsweg ihr dann im geistigen Reich weitergehen wollt.

Das hört sich gut an..
Dieser Schluss ist das Maßgebende, ja. Denn dadurch werdet ihr erkennen, in welcher Sphäre eure Seelen sich dann weiter entwickeln können. Beginnt sie nochmal von vorn? Geht sie direkt vom Haus des Schlafens, welches jede Seele nach dem Übergang ins geistige Reich besucht, direkt ins Sommerland, um sich zu regenerieren, um dann wieder zu inkarnieren, weil das vor der Inkarnation ausgesuchte Karma nicht gelebt wurde? Oder aber erkennt eure Seele, dass sie vieles erledigt hat und sucht sich ihren weiteren Entwicklungsweg im geistigen Reich.

Kann man hier auf der Erde schon ein bisschen ein Gefühl entwickeln, wie weit man in seiner Entwicklung gekommen ist?
Ja, aber nicht aus einem Egoismus heraus, weil ihr euch weit entwickelt fühlt, ihr euch spirituell erhaben seht, ihr euch direkt unter die Sphäre von Jesus Christus einstuft. Dies

darf so natürlich nicht sein. Dann ist es natürlich keine Entwicklung. Bei solchen Gedanken tritt die Variante eins in Kraft: ein wenig Erholung im Sommerland und dann wieder vor den karmischen Rat, um dann noch mal zu inkarnieren.

Es kommt dann auch darauf an, aus welcher Sphäre ihr inkarniert und daraus setzt sich dann fest, was letztendlich die Gesamtheit eurer Seele aus der letzten Inkarnation erkennen wird: Hat sie sich durch diese letzte Inkarnation weiter entwickelt? Hat es einen Stillstand gegeben? Oder ist es zu einer Rückentwicklung gekommen? Selbst durch das spirituelle Wissen, selbst durch ein spirituelles Leben kann es auch passieren, dass eine Seele nicht wieder in die Sphäre zurückkommt, wo sie einst gewesen ist. Aber es ist nicht schlimm. Im geistigen Reich hat sie dann Zeit genug, sich auch dort zu entwickeln.

Aber wenn ich das richtig interpretiere, dann ist es doch so, dass ich hier unten in etwa abschätzen kann, ob ich mich positiv weiter entwickelt habe oder nicht.
In Demut ja.

Ich bin aber ja nur mit einem Achtel Seelenanteil hier unten inkarniert. Sieben Achtel sind noch oben und das, was hier unten in der Entwicklung stattgefunden hat, muss ja dann auch mit den anderen sieben Achteln wieder harmonisch zusammengefügt werden. Ich denke, erst dann kann der karmische Rat sagen, ob die Entwicklung positiv war.
Nein. Du musst dies anders sehen. Du bist ja trotz alledem mit deinen anderen Seelenanteilen verbunden. Je nachdem, welcher Grad der irdischen Entwicklung die Teilseele hier im Irdischen erreicht hat, kann sie sich auch mit der Gesamtheit ihres anderen Seelenanteils im geistigen Reich verbinden.

Das geht?
Das geht. Wenn dies wiederum nach den Prinzipien der göttlichen Gesetze geschieht in Demut und in der Gelassenheit und in der Eigenverantwortung, sich weiter zu entwickeln, dann geht dies. Der andere Anteil, der ja hier inkarniert hat, der geht den Entwicklungsweg, wobei der größere Teil eurer Seele, der im geistigen Reich geblieben ist, der aber mit dir verbunden ist, dieser Teil kann natürlich mit dem inkarnierten Teil Verbindung aufnehmen und dir Türen öffnen und dem inkarnierten Teil ein altes Wissen zukommen lassen.

Das geht nachts über die Träume.
Ja. Es geht aber auch im Tagesbewusstsein über Inspirationen. Und dann gibt es natürlich noch die Möglichkeit, dass dies durch die Geistführung geschaltet werden kann, wenn der Seelenanteil auf der Erde zu sehr blockiert ist. Dafür gibt es die Zwischenschaltstelle der Geistführung.

Können wir das fördern?
Dies könnt ihr fördern, wenn ihr die Bereitschaft habt, euch mit eurer Geistführung auf einer mentalen Ebene in Verbindung zu setzen. Wenn ihr euch wirklich mit eurer Geistführung in Verbindung setzen wollt, dann fangen diese Geistwesen zu üben an, euch Inspirationen zu geben oder eure Wahrnehmungen zu erweitern, dass ihr Gefühle habt, Farben seht, je nachdem, wie eure Verbindung ist. Darüberhinaus könnt ihr dann weitergehen, wenn die Entwicklung es zulässt und wenn es im Kapitel Karma eures Seelenbuches geschrieben steht, dass ihr euch mit den anderen Teilen eurer Seele in Verbindung setzen könnt, um dadurch wieder an eure alten Wissensgrundlagen zu kommen.

Das sind ja schöne Aussichten.
Es ist ganz wichtig, dass ihr euer Seelenbuch richtig verinnerlicht habt. Schaut euch euer eigenes Seelenbuch an. Es ist eure ei-

gene, zum Teil schon fertig geschriebene, Bibel mit einigen Kapiteln. Und ihr habt hier in dieser Inkarnation die Aufgabe, euer Kapitel ganz wahrhaftig zu schreiben.

Schreiben wir das Kapitel selbst oder schreibt ihr das?
Das schreibt ihr selber. Wir leben ja nicht in euch. Es ist eure Seele, die es schreibt. Und ihr müsst versuchen, zu lernen, eure eigene Seele zu erkennen, sie zu studieren und immer wieder die Kernfragen zu stellen: Wer bin ich? Warum bin ich hier? Was ist meine Lebensaufgabe? Welchen Sinn hat mein Leben für meine Seele noch? Was möchte ich für meine Seele hier in dieser Inkarnation erreichen? Das sind die wichtigsten Anteile, die positiven Anteile. Wenn ihr diese Fragen ergründet, beginnt ihr euer Seelenbuch zu schreiben.

Es ist wie ein Studium. Ihr müsst dann immer wieder durch mehrere Semester gehen. Manchmal müsst ihr eben auch hier im Irdischen ein Semester wiederholen. Dann kommen immer wieder Situationen auf euch zu, in denen ihr diese Lernprozesse bekommt, um sie für euch hier im Irdischen zu lernen. Und ihr müsst euch verinnerlichen: Ihr seid Kinder Gottes, ihr seid aus Liebe entstanden. Ihr werdet von der Göttlichkeit geliebt, ob ihr jetzt von den Menschen, die um euch sind, immer so geliebt werdet, so wie ihr es braucht, das ist wiederum eine andere Frage. Das ist wieder die irdische Wahrnehmung. Ich kann euch aber hier versichern, dass ihr alle von der Göttlichkeit, dem Höchsten, geliebt werdet. Sonst hättet ihr nicht inkarniert. Wichtig ist, darauf zu achten, dass euch die negative Seite nicht zu sehr beeinflusst. Denn wenn diese Beeinflussung geschieht, dann verliert ihr euren Weg. Und wenn ihr euren Weg verliert, dann geht ihr in den Zweifel.

Erhält man das eigene Seelenbuch, bevor man zum karmischen Rat geht oder danach?
Davor. Dann entscheidet die Seele mit dem karmischen Rat gemeinsam, wie die Entwicklung im geistigen Reich für die Seele weitergehen soll.

Verschiedenes zum Seelenbuch

Wenn ich das richtig verstanden habe, dann wäre ein Seelenbuch letztendlich aus meiner Sicht die Basis dafür, zu dem Ergebnis zu kommen, wer ich bin, wer ich auf der Erde hier als Seele bin? Und wenn ich das zu Ende denke, dann müsste ich eigentlich relativ gelassen ins geistige Reich gehen können – mal abgesehen von Widrigkeiten beim Sterben –, weil ich herausgefunden habe, wer ich bin. Dann müsste ich doch auch relativ leicht in die geistigen Sphären wechseln können.

Ja, wenn du weißt wer du bist, ist es leicht. Die Menschen haben ja auch die Möglichkeit, sich mit den Seelenanteilen, die sich noch im geistigen Reich befinden, in Verbindung zu setzen, um dort eben die wichtigen gespeicherten positiven Anteile zu erkennen, die sie sich bereits in vielen Inkarnationen erarbeitet haben. Dadurch haben sie es dann hier im Irdischen leichter, um Hemmungen oder Ängste zu erkennen und dann ihr eigenes ‚Ich Bin' zu finden, das als Hilfe dient, um letztendlich dann bei sich selber anzukommen.

In der Meditation war es so, dass ich mein Seelenbuch gesehen habe, wie es aus dem Inneren herausgestrahlt hat. Ich habe gesehen, wie so Kinderreihen getanzt haben. Heißt das, ich soll das Leben mit mehr Leichtigkeit leben?
Ja.

Ist es eine Art dieses Seelenbuch zu schreiben, wenn ich meine Bilder male?
Jeder findet seine eigene Form, wie er etwas macht und wie er etwas gestalten möchte. Wenn es deine Bilder sind, sind es deine Bilder. Nur wichtig ist, den momentanen Zustand zu bewahren, was gewesen ist, als du dieses Bild dann gemalt hast. An

jede emotionale Regung zu denken. Und diese dann aber auch zu bewahren.

Fängt das ab einem bestimmten Alter an, dass man anfängt, sein Seelenbuch zu schreiben? Oder kommt es darauf an, wie weit die Seele sich schon entwickelt hat?
Nein, das Seelenbuch wird in jeder Inkarnation geschrieben. Von Anbeginn an mit deiner ersten Zustimmung zu inkarnieren im geistigen Reich vor dem karmischen Rat. Dann wird als erstes dein Schicksal, also dein Karma für diese Inkarnation festgelegt.

Aber das heißt nicht, dass du jetzt jeden Tag schreiben musst. Gib dir immer wieder die Zeit, dass deine junge Seele sich auch entwickeln kann. Du bist sehr temperamentvoll und dadurch musst du immer wieder mal deine Seele zur Ruhe bringen. Gehe dann mal in dein Inneres hinein und frage dich, was deine Seele dir sagen möchte, wie deine Entwicklung ist, wie du dich fühlst.

Fühlst du dich in diesem irdischen Leben geliebt?
Und wenn ein Mangel da ist, schreibe ihn auf. Und beobachte ihn, ob dieser Mangel sich verändert, nur du kannst es ändern. Niemand anders. Und wenn du mal einen Lebenspartner hast, dann kann ich dir heute schon den Hinweis geben, ihn nicht mit deinem Temperament zu überstülpen. Deine Lebensfreude, deine Energie ist wunderbar, aber teile sie dir gut ein. Ansonsten laufen dir die Menschen weg, weil es zu viel ist, weil sie nicht damit umgehen können. Werde aber auch nicht verkrampft, lebe es weiter, nur schaue hin, wo du dich ausbreiten kannst und wo du ein wenig in die innere Stille gehen solltest, ja?

Das positive geistige Reich schreibt ja ein Seelenbuch, schreibt die negative Seite auch mit?
Ja, auch. Sie hat ebenfalls eine Bibliothek.

Werden dort die negativen Aspekte des Menschen niedergeschrieben?
In dieser Bibliothek stehen die Schwächen der Menschen. Dort sehen die negativen Wesen, womit sie die Menschen dann beeinflussen können, was sie tun müssen, um den Menschen aus seiner Mitte zu bringen. Die negative Seite möchte die Seelen der Menschen in Unsicherheiten bringen, in Ängste, in Depressionen, in das ‚Arme-Ich'. In dieser Bibliothek finden diese Wesen die Möglichkeiten. Sie sehen, wie die Seele strukturiert ist, wo noch Schwächen sind, wo noch Minderwertigkeiten sitzen.

Das heißt also neben unserer positiven Geistführung gibt es auch einen Negativanteil, der uns beobachtet?
Ja, dauerhaft. Deshalb sagen wir ja immer wieder: Schützt euch, schließt eure Chakren, achtet auf eure Gedanken, lasst keine negativen Impulse hinein. Passt auf, versucht in der Klarheit zu bleiben, in eurer

Mitte. Nur wenn ihr wirklich bei euch bleibt, könnt ihr schnell erkennen, was tatsächlich gut ist und was nicht gut ist. Dann könnt ihr erkennen, von wo eine negative Beeinflussung herkommen kann. Dort, wo etwas Gutes entstehen soll, ist die negative Seite sofort aktiv. Wenn ihr euch mit euren spirituellen Seelenanteilen positiv weiterentwickeln wollt, möchte natürlich die negative Seite euch zeigen, dass ihr ‚unfähig' seid, dass ihr irgendwas nicht könnt, dass ihr es gar nicht wert seid. Und alle eure Mechanismen werden dann von ihnen aktiviert. Wir können euch von positiver Seite noch abschützen, wenn ihr uns mit den Übungen helft. Wenn ihr euch immer wieder beeinflussen lasst, geht euer Leben in eine negative Richtung. Was wir auch immer wieder beobachten, ist, dass der Mensch leider generell dazu neigt, eher etwas Negatives aufzunehmen und negativ zu denken, als alles positiv zu sehen und positiv zu denken.

Elias, sag' mal ein Beispiel.
Wenn nun ein Mensch sagt, dass er euch gern hat, dann ist es für euch schwierig, diese positive Äußerung anzunehmen und dies zu glauben. Dann denkt ihr gleich: „Das glaube ich nicht." Und schon greift die negative Seite ein und flüstert euch ein, dass dieser Mensch euch sowieso belogen hat, dass er nur irgendwas von euch will. Eure Alarmglocken gehen dann leider an und ihr sagt euch: „Pass ja auf. Schau mal genau hin, wie der dich beobachtet." Und schon geht diese Gedankenstruktur in die falsche Richtung. Und der Auslöser war ein einziger liebevoll gemeinter Satz.

Ich verstehe nicht, dass es im geistigen Reich, wo alles immateriell ist, Bücher geben soll. Ein Seelenbuch ist doch dann eher eine Metapher.
Nein, es ist für euch eine wichtige Entwicklungsgeschichte. Die Seelen brauchen dies. Es existieren wirkliche Bücher.

Aber die geistige Welt ist doch immateriell.
Ja, bis zu einer gewissen Ebene existieren diese Bücher noch. Es gibt aber immer die Möglichkeit, darauf zurückzugreifen.

Also sind die Seelenbücher auf einer niedrigen Ebene ein Abbild dieser Ebene?
Ja, natürlich, um einerseits das den Menschen hier in das Bewusstsein zu bringen, und andererseits die Seelen, die im geistigen Reich sind, langsam darauf vorzubereiten, sich in ihren Seelenstrukturen weiterzuentwickeln und zu verändern. Sie brauchen erst diesen Rückhalt. Darum existiert ja auch das Sommerland, diese Parallelwelt, um ganz langsam in die eigentlichen Sphären aufsteigen zu können.

Wenn wir dieses Symbol der Bilder nehmen, oder der Bücher, kann man vielleicht sagen, dass das so eine Bibliothek ist, worauf bestimmte Seelen zurückgreifen können?

Dann stehen nicht nur die Seelengeschichten der irdischen Menschen darin, sondern von allen Menschheiten auf den verschiedensten Planeten. Stimmt dies?
Ja, richtig, aber ihr bekommt nur die zu Gesicht, die für euch zugänglich sind.

Habe ich es richtig verstanden, dass das Seelenbuch sich nur auf das jetzige Leben bezieht und dass ich für alle anderen Leben, die ich auf der Erde schon hatte, andere Seelenbücher habe.
Ja, das ist richtig.

Ich habe ein Rückführungsseminar besucht und danach ging es mir schlechter. Hat das auch damit zu tun?
Nicht alles ist gut für jede Seele. Rückführungen sind für deine Seele in deinem momentanen Entwicklungsstand nicht gut. Sie belasten deine Seele zusätzlich und nehmen dir nur Energie zum Leben weg.

Wenn ein Mensch in einem positiven Ying und Yang lebt, d.h. ausgeglichen mit sich und dem gesamten Kosmos ist, mit dem Göttlich-Spirituellen im Einklang ist, stark ist, dann können solche Seminare besucht werden. Ansonsten haben wir in der geistigen Welt viel Arbeit, die Seelen immer wieder zu stabilisieren. Denn es können Bilder kommen, die aus früheren Inkarnationen stammen und jetzt nicht gut sind und nicht in euer jetziges Seelenbuch gehören. Was passiert dann? Diese Bilder und damit verbundenen Emotionen können sogar so weit führen, dass Selbstmordgedanken entstehen. Sie können soweit führen, dass wir dich dann in der Psychiatrie besuchen müssen und dich dann nicht dort heraus bekommen, weil du mit deiner Seele nicht mehr erreichbar bist. Diese Bilder können wir nicht abblocken, wenn deine Seele die Bereitschaft dazu signalisiert: „Ich will es jetzt sehen."

Darum ist es immer wichtig, Angebote genau zu überprüfen, ob sie jetzt gut für euch sind und ob ihr die Kraft und Energie dafür habt. Wenn ihr nicht in dieser energetischen Kraft seid, dann trefft bitte auch die richtige Entscheidung, denn dann haben wir es nicht so schwer.

Es gibt ja auch Menschen, die hier unten inkarnieren, die erst mal gar nicht davon ausgehen, dass sie eine Seele haben. Wie kommen da die Einträge in das Seelenbuch?
Die werden dann von ihrer Geistführung übernommen.

Das machen in dem Fall die geistigen Begleiter?
Ja, aber wenn ihr ein eigenes Bewusstsein für eure Seele habt, ist es natürlich für eure Seelenentwicklung besser. Also sie kann sich dann schneller im Irdischen aber auch im geistigen Reich weiterentwickeln. Es

geht ja darum, dass ich möchte, dass ihr Seelen, die ihr hier inkarniert habt, das tiefe Wissen in euch verinnerlicht, dass ihr eine Seele habt, eine Seele seid, dass die negative Seite existiert, dass ihr euch mit eurer Seele hier im Irdischen weiterentwickeln könnt. Dass ihr die Inkarnation trotz aller Problematiken und Schwierigkeiten und den vielen Steinen, die im Weg liegen, annehmt. Versetzt euch in die Lage, diese Steine an die Seite zu räumen, ohne daran zu verzweifeln, ohne daran in den Suizid zu gehen, ohne daran in irgendeine andere Form von Abhängigkeit zu gehen, oder, oder, oder. Ihr könnt euch hier mit eurem Bewusstsein auf eurer spirituellen Ebene auf eure Weiterentwicklung im geistigen Reich vorbereiten. Ihr könnt dort Aufgaben wählen, die dann wiederum für andere Seelen, die sich für die Inkarnation vorbereiten, wichtig sind.

Angenommen, eine Seele ist jetzt in der Lage, ein Geistlehrer zu sein und hat die

Aufgabe, 350 Seelen für eine irdische Inkarnation vorzubereiten. Diese Seelen, die aus einem spirituellen Bewusstsein kommen, haben eine ganz andere Fähigkeit, diese Seelen vorzubereiten, da sie viel intensivere Erfahrungswerte aus den irdischen Inkarnationen mitbringen.

Es ist ja auch eine Beflügelung, wenn das Bewusstsein eurer Seele so groß ist, dass ihr wisst, eine Seele zu haben und dass diese Inkarnation nicht umsonst ist. Es wird alles festgehalten. So kommt ihr mit eurer eigenen Entwicklung weiter, und könnt euch viel besser im geistigen Reich zurechtfinden, anstatt wie viele anderen Seelen, sich zu sträuben, durch das Licht zu gehen. Wir machen hier auch eine gewisse Form von Sterbevorbereitung. Wir bringen euch immer wieder in das Bewusstsein, dass der Tod nicht das Ende ist.

Wir versuchen immer wieder eure Seelen dahingehend zu beflügeln, wenn der Tag des Hinüberwechselns da ist, dass ihr keine

Angst vor diesem Übergang haben braucht. Wir versuchen mit euch zusammen, die Angst auszuschalten, wenn ihr das Licht seht. Diese Angst wiederum weckt ja die negative Seite, die jede Seele für sich einfangen möchte, um die Seele im Irdischen zu halten oder sie sogar in die negativen Sphären zu bekommen.

Elias, wenn du hier irdische Charaktereigenschaften an den Tag legst, hier frotzelst und sehr irdisch wirst, beeinträchtigt das den telepathischen Draht zu den Seelengeschwistern, die mit dir hier arbeiten?
Nein, überhaupt nicht. Manchmal werde ich auch von den anderen motiviert. Sie sagen dann: Mach' Witze, mach' Witze. Einzig und allein dafür, bei euch die Lebensfreude zu wecken. Ich muss ja manchmal deutliche Worte sprechen, um eure Seelen und euer Bewusstsein wach zu bekommen. Aber unsere Hauptaufgabe ist es euch die Lebensfreude zu zeigen. Sagt ‚Ja' zum Leben und

lebt die Lebensfreude. Liebe heißt auch Lebensfreude. Nicht verklemmt zu sein, oder stur. Wir möchten euch hier im Irdischen entgegen kommen und auch einmal versuchen, Scherze zu machen. Damit euer Lachen zurückkommt, denn dieses Lachen erhöht ja immer eure Schwingungen. Das heißt jetzt aber nicht, dass wir alle nur lachen brauchen, das wäre auch falsch, sondern wir versuchen immer wieder Aspekte hineinzubringen, um euch aufzuzeigen, dass das Leben ein bisschen leichter sein könnte. Das Leben hier im Irdischen ist schwer, aber ihr wolltet es so. Wenn ihr den Einfluss der negativen Seite zulasst, macht diese es euch noch schwerer. Lebt die Lebensfreude, lebt die Harmonie, sagt ‚Ja' in allen euren Zellen, in allen Bereichen eures Lebens. Sagt ‚Ja' zu eurer Lebensaufgabe, zu euren Berufungen, zu euren Problematiken, zu eurem körperlichen Aussehen, zu euren vererbten Anteilen, wie auch immer.

Du hast gesagt, dass wir hier eine Art Sterbevorbereitung machen. Wie ordnest du die Todessehnsucht eines Menschen ein?
Eine Todessehnsucht hat zwei Seiten. Eine Todessehnsucht ist die Sehnsucht, wieder nach Hause zu kommen. Dort wo die Seele sich wohl fühlt, wo sie wieder hinkommen möchte. Die Todessehnsucht ist aber auch eine gewisse Form von seelischem Selbstmord. Eine Todessehnsucht heißt, weglaufen vor sich selbst, weglaufen vor dem Leben. Weglaufen vor seiner Lebensaufgabe, weglaufen, um sich nicht sich selbst zu stellen.

Hierbei gilt es aber immer wieder, die Waage zu halten. Zu sagen, erst wenn mein Zeitpunkt da ist, darf ich gehen. Diese Sehnsucht zu haben kann aber auch auslösen, dass der Körper krank wird und dann der Zeitpunkt des Todes früher eintritt, als es im Karma geschrieben steht. Deshalb sagen wir, dass es eine gewisse Form des Selbstmordes ist, wenn man das Leben aufgegeben hat. Meistens entscheiden diese Seelen wieder zu inkarnieren, nachdem sie einen kurzen Aufenthalt im geistigen Reich hatten. Sie wollen es im Leben noch einmal versuchen und diesmal besser machen.

Wie könnte unsere Abwehr dem Leben gegenüber gemindert werden?
Wir sind zwar jetzt beim Thema Seelenbuch, aber das Thema Seelenhaus, was ich jetzt anspreche, ist auch sehr wichtig und könnte dem einen oder anderen helfen, die Todessehnsucht zu vermeiden. Begebt euch in euer Seelenhaus, um dort aufzutanken. Somit ist schon mal eine Brücke geschaffen, zu eurem eigenen Seelenhaus im geistigen Reich. Denn es ist ja so, dass eure Seelenhäuser, die ihr euch in euren Seelengedanken vorstellt, in dem Moment schon im geistigen Reich gebaut sind. Das heißt, ihr stellt damit eine Verbindung her. Und somit könnte diese Todessehnsucht gemindert werden, denn ein Aufenthalt in eurem

eigenen Seelenhaus, sich dort wohlzufühlen, aufzutanken, zu meditieren, sich einzuhüllen und sich für den Weg hier im Irdischen zu stärken, würde dann diese Sehnsucht auflösen, wenn nicht negative Gedanken auftauchen.

Gerade in der Spiritualität gibt es ja Menschen, die aus ihrem Denken heraus in diesen spirituellen, ich sage mal ‚rosaroten' Sphären bleiben wollen. Und damit schüren diese Menschen die Sehnsucht. Dies ist keine Demut. Ihr kommt alle nach Hause. Ihr wisst nur nicht wann. Und das ist gut so.

Bei einem Reiki-Seminar werden Seelentüren geöffnet. Wäre das eine gute Voraussetzung, um besser mit seiner Seele in Kontakt zu kommen?

Ja, da ja in einer Reiki-Ausbildung eine Präsenz der Seele auf höchstem Niveau stattfindet. Allerdings nur, wenn die Seele tatsächlich in die Bereitschaft geht, bei der Einweihung diese anzunehmen und es zuzulassen, dass die Seelentüren auch wirklich geöffnet werden. Dann ist es natürlich ein weiterer großer Schritt, zu seinem eigenen Seelenempfinden zu kommen und auch dort ein neues Fundament aufbauen zu können, um sein eigenes ‚Ich Bin' zu finden.

Und im weiteren Verlauf den eigenen Bewusstseinsprozess über das Schreiben des Seelenbuches und das Befassen mit dem Seelenhaus zu intensivieren?
Ja, richtig.

Inwieweit kann mein eigenes Ego die geschriebenen Gefühle im Seelenbuch verfälschen?
Es kommt darauf an, wie stark dieses Ego ist. Ist es ein negativer Anteil des Egoismus, dann kann es natürlich alles verfälschen, denn dann ist ja genau der Punkt erreicht, den ich schon einmal benannt habe, der Aspekt des Schönschreibens. Der negative Egoismus setzt sich dann davor

und beschreibt die eigene Seele als ein wunderbar blühendes Element des eigenen Ichs mit all seinen positiven Aspekten, die auf höchstem Niveau geradlinig ihren Weg gehen und es gibt überhaupt nichts mehr zu lernen.

Der positive Egoismus hingegen unterstützt mehr die Aspekte, die noch einen Wachstumsbedarf haben, die noch größer werden müssen wie beispielsweise der Aspekt des Mutes, oder die Umwandlung der eigenen Minderwertigkeit. Oder der Aspekt der Schönheit. Ein neues Bild seiner eigenen Seele zu bekommen, seine eigene Schönheit zu entdecken. Dann gilt es mit dem positiven Egoismus ein klares Seelenbuch zu erstellen und zu erkennen, an welchen Aspekten noch gearbeitet werden muss. Dann ist es ein klares Seelenbild.

Und wie kann dies zu einer besseren Klarheit gebracht werden?

Indem der negative Egoismus eben keinen Platz hat. Aber durch die Umstände, sich profilieren und behaupten zu müssen – viele Menschen tragen diese Aspekte mit sich –, besitzt der negative Egoismus dann einen größeren Anteil. Oft ist es so, wenn wir in Seminaren sind und ich dann viele Dinge von den Teilnehmern höre, wo sie mir mit vollster Inbrunst etwas von sich berichten, wie großartig oder wunderbar etwas ist, dann ist es für mich ganz klar, wer da mit mir spricht: Der Egoismus und nicht die Seele. Ich darf dann diesen Menschen nicht vor 80 anderen darauf hinweisen, sondern ich muss seine Seele dann in der Entwicklung lassen, bis für mich aus geistiger Sicht der Zeitpunkt da ist, um diesen Menschen auf eine liebevolle göttliche Art und Weise darauf hinzuweisen, mit was für einem negativen Egoismus ich es eigentlich zu tun habe.

Wenn man Aspekte mit in dieses Leben nimmt, die wir in früheren Inkarnationen nicht bearbeitet hatten, ist ja nicht sicher, ob wir es dieses Leben aufgrund von neuen Problemen und Schwächen, für die vielleicht andere unserer Aspekte sorgen, auch wirklich schaffen?

Natürlich gibt es auch Aufarbeitungen aus anderen Inkarnationen. Dann nimmt man sich eben Aspekte mit aus einer Inkarnation, die weit zurückliegt. Vielleicht gibt es dann nur noch eine Aufgabe, die es noch aufzuarbeiten gilt, oder eine Begegnung, eine Prüfung oder ein Karma eines zusätzlichen Anteils für die Seele, das in dieser momentanen Entwicklung hier im Irdischen maßgebend sein kann. Es kommt natürlich immer wieder darauf an, wie die Seele sich in dieser Inkarnation bereits verhalten, welche zusätzlichen Aspekte sie sich schon erarbeitet und wie spirituell diese Seele gefühlt und gelebt hat? Wenn hierbei die positiven Aspekte überwiegen, kann es durch-

aus sein, dass alte Aspekte, die noch anstanden, sich auflösen. Es ist aber genauso gut möglich, dass die mitgebrachten Aspekte sich verdoppeln, je nachdem, wie die negativen Anteile – wie der Egoismus oder der Materialismus – gelebt wurden. Dann gehen Menschen aber oftmals in eine Krankheit und machen sich es zusätzlich sehr schwer.
Wieder andere Menschen versuchen über Schleichwege sich die Aufgaben zu erarbeiten. Diese Menschen gehen in eine Scheinheiligkeit und in eine falsche Spiritualität hinein, um den anderen Menschen gegenüber ihre scheinbaren Fähigkeiten zu zeigen, die aber gar nicht vorhanden sind. Diese Menschen haben es dann später im geistigen Reich besonders schwer.

Wir können also im Grunde genommen nur an den Anteilen arbeiten, die wir hier mit in das Leben gebracht haben. An dem Rest, dem sogenannten Höheren Selbst, können wir nur arbeiten, wenn wir mit ihm Kontakt haben.

Moment. Wenn die Seele im positiven geistigen Reich all ihre Anteile im Positiven hat, dann können nur die Anteile inkarniert werden, die dann auch noch bearbeitet werden müssen. Die anderen Anteile sind ja schon abgearbeitet. Außer die Seele hat die Möglichkeit, sich mit den anderen Seelenanteilen zu verbinden, mit ihnen in die Kommunikation zu gehen und damit die positiven Aspekte noch zu stärken und zu erhöhen, um dadurch die Negativanteile verkümmern zu lassen, oder sie zu bearbeiten, dass sie erkannt wurden und nicht mehr benötigt werden.

Das Seelenhaus

Was ist ein Seelenhaus?
Ein Seelenhaus ist der innere Lebensteil der Seele im Irdischen, den die Seele mitbringt und versucht, sich im Körper so gut wie möglich darzulegen. Es ist der sichere Kern eurer Seele.
In diesem Seelenhaus sind alle Formen von Gefühlen, Empfindungen, Verletzungen, Trauer und alle anderen Emotionen verankert. Und die Seele lebt mitten in diesem Seelenhaus. Wie sieht jeder sein eigenes Seelenhaus? Wie sieht es aus? Oder wenn man sich mit seiner eigenen Seele beschäftigt, wie würde sich dieses Seelenhaus dann verändern? Ein Seelenhaus ist der Ort, wo die Seele im Inneren wohnt, welchen sie aus der geistigen Welt kennt, um einen Teil ihres eigenen wahren Zuhauses zu haben.

Wann ist es wichtig, mich mit dem Seelenhaus auseinanderzusetzen?
Wie gesagt, es ist der sichere Kern der Seele. Wenn ihr dieses Seelenhaus in einer Meditation besucht, oder in eurer Wahrnehmung auch am Tage als Begleiter an eurer Seite wisst, dass es euer Schutz ist, euch Halt fürs Leben gebt, dann kann euer irdisches Leben bis zu einer gewissen Stufe leichter gehen. Euer Seelenhaus kann auch eine Zufluchtsstätte sein für Momente der Trauer, oder der Freude, oder von neuen Erkenntnisse in der eigenen Seelenentwicklung oder, oder ‚oder. *(Nähere Ausführungen zum Thema Seelenhaus finden Sie in „Das kleine Buch vom Schutz der Seele", Martin Fieber (Hrsg.))*

Stehen die Antworten zu meinen Fragen schon in meinem Seelenbuch? Ist mein Seelenbuch schon geschrieben?
Nein. Die Möglichkeiten einer Entscheidung sind zum Teil im Karma vorgegeben.

Aber dann tritt ja wieder der Fächer der verschiedenen Möglichkeiten und Entscheidungen in Kraft. Je nachdem, in welcher Lebenssituation du dich wie entscheidest, das steht alles auf diesem Fächer geschrieben. Letztendlich geht es dann darum, von dem Fächer alles in dein Seelenbuch zu übertragen. Verstehst du dies?

Ich weiß nicht. Wenn ich mir die Frage stelle: Wer bin ich?, gehe in mein Seelenhaus, suche mein Seelenbuch und möchte was nachlesen, was muss ich dann tun?
Dann solltest du dich erst mit deinem Seelenanteil im geistigen Reich verbinden, und dich fragen, wer du bist. Es geht aber nur darum, dass du dich fragst: „Wer bin ich jetzt hier in dieser Inkarnation?"

Kann ich das in meinem Seelenbuch nachlesen, wer ich bin?
Du kannst nicht nachlesen, wer du bist. Du kannst nur hineinschreiben, wer du bist.

Mhm…
Du kannst in dein Seelenhaus gehen und dir dein Seelenhaus ansehen und sagen, so lebe ich in meiner Seele. Und wer du bist, das muss dann neu geschrieben werden. Würdest du dich mit dem anderen Anteil im geistigen Reich verbinden, dann müsste die Frage lauten: Wer war ich alles?

Das würde ich herausfinden?
Das würdest du dann finden, wenn du dich mit deinem anderen Anteil, der im geistigen Reich ist, verbinden könntest.

Der Seelenstein, das Seelentier, der Seelenbaum, die Seelenblume

Was könnt ihr zum Seelenstein, zum Seelenbaum, zum Seelentier und zur Seelenblume sagen?

Genauso ist es mit eurem Seelenstein. Er ist so wichtig für euch, da er als Begleiter für eure Inkarnation an eurer Seite bereit steht, um eurer Seele im Irdischen Kraft und Stärke zu geben.

Genauso euer Seelenbaum, auch wenn es sich für manche vielleicht etwas übertrieben anhört. Aber ein Baum ist etwas Lebendiges, und aus dieser Lebendigkeit kann euer Seelenbaum euch seine eigene Lebendigkeit übertragen. Es kann mit diesem Baum eine Freundschaft entstehen, eine Harmonisierung, eine Erleichterung. Auch ein Baum kann im Zweifel durch die Bewusstwerdung des gemeinsamen Lebens Botschaften übertragen oder eben Türen in eurem Seelenbereich öffnen, wenn dieser Baum irgendwo einen Platz, einen Ort in euch und außerhalb von euch findet, wo er wachsen kann. Auf der anderen Seite tut ihr noch etwas für diesen Planeten. Je mehr Bäume gepflanzt werden, umso besser ist es für eure Atmosphäre.

Genauso ist es mit dem Seelentier und der Seelenblume. Ihr seid alles eins, ihr seid nichts anderes als Energie auf diesem Planeten. Blumen sprechen, ihr hört sie nicht. Bäume sprechen, ihr hört sie nicht. Tiere können sprechen, ihr versteht sie nicht. Ihr seid ein Teil dieses gesamten Universums. Und ihr müsst lernen, euch in diesem Universum anzupassen, nicht andersherum. *(Nähere Ausführungen zum Thema Seelenstein, Seelentier, Seelenbaum und Seelenblume finden Sie im Buch „Das kleine Buch vom Schutz der Seele", Martin Fieber (Hrsg.))*

Das Seelenbuch und die Akasha-Chronik

Was ist der Unterschied, zwischen meinem Seelenbuch und der Akasha-Chronik?
Im Grunde nicht viel. Die Akasha-Chronik beinhaltet ja schon Aufzeichnungen, wie sich das Leben darstellt, die Akasha-Chronik ist das erste Kapitel eures Seelenbuches. In ihr spiegelt sich das, was in einem Karma festgeschrieben ist. Es gibt Gelehrte, die diese Inspirationen und Weisungen bekommen und für jeden einzelnen dieses auch schreiben, also in eine gewisse Form der Manifestation bringen, um dieses erste Kapitel Karma auch auf den Weg zu bringen.

Kannst du das mit der Akasha-Chronik noch mal ein bisschen erläutern?
Es gibt die Akasha-Chronik, dort werden das Karma und die Lebensaufgaben einer Seele, die inkarniert, niedergeschrieben.

Das heißt, mein Karma, was ich in dieser Inkarnation habe, steht in der Akasha-Chronik?

Ja. wenn es geschrieben wurde. In wenigen Fällen wird das Karma vom karmischen Rat abgeblockt.

Es gibt immer eine Absprache zwischen dem Karmischen Rat und der Seele. Das Karma muss sich ja dann hier im Irdischen manifestieren. Vergesst aber nicht, dass ihr Menschen unter einer gewissen Form der Beeinflussung steht. Sprich, es gibt dann mehrere Varianten, wie euer Leben ablaufen wird. Hier zeigt sich dann wieder der Lebensfächer und auf diesem Fächer stehen wieder Veränderungen und Entscheidungsmöglichkeiten, die nicht unbedingt in der Akasha-Chronik geschrieben stehen, da sich manche Entscheidungen innerhalb weniger Sekunden entwickeln.

Hast du einen deutschen Begriff für Akasha-Chronik? Ich weiß, was du meinst, aber das ist für mich zu abstrakt. Seelenbuch ist ein deutsches Wort, da weiß meine Seele, was gemeint ist.

Ja. Akasha ist der Ursprung der Seelen. Akasha ist die Gesamtheit der Seelenexistenz.

Das Seelenbuch und das Gedankenbuch

Du sprachst schon davon, dass wir unser Gedankenbuch schließen sollten. Was ist der Unterschied zwischen unserem Gedankenbuch und unserem Seelenbuch?
Die Gedanken werden durch eine Offenbarung des Äußeren, des materiellen Irdischen festgelegt und gedacht. Der Mensch denkt nicht mit seinem Herzen, mit seinem Gefühl, mit seiner Seele, sondern es sind immer wieder Versuche seines Geistes einer logischen Schlussfolgerung nahe zukommen, und sich in Gedanken eben damit auch auseinanderzusetzen, ohne darauf zu achten, wie es dem seelischen Gefühl geht. Wenn der Mensch zuviel denkt, geht ihm dadurch seine eigene Energie, die notwendige Lebensenergie abhanden. Ein Gedankenbuch beinhaltet eben das Äußere, die Beeinflussung von außen, das was mit den irdischen Augen gesehen wird. Dann wird

das von euch versucht, gedanklich zu verarbeiten, ohne in das Gefühl zu gehen. Das sind die Gedankenbücher, wobei diese Gedanken dann oft einen unlogischen oder eben einen nicht gefühlten Charakter haben. Diese Gedanken können aber auch, wenn sie einen negativen Charakter haben, durch die negative Seite beeinflusst werden. Es gibt natürlich auch Gedanken, die aus einem Seelengefühl in den Gedanken gesetzt werden. Diese werden dann aber meistens durch die eigene Denkstruktur des Geistes manipuliert. Da der Mensch meist negativ denkt, gerät dann wieder diese Manifestation in das Negativdenken und das sind dann meist die Gedankenbücher. Es gibt sehr viele falsche Gedanken.

Sind die Gedanken nicht vorherbestimmt?
Nein, die müssen nicht immer bestimmt sein, denn wenn ein positiver Seelenimpuls in die Gedankenstruktur hineinkommt, dann wird oftmals das Denken negativ verändert,

also zerstört, da das Denken durch das irdische Umfeld der Negativität auf diesem Planeten stark beeinflusst wird. Angenommen du hegst jetzt den Gedanken, dass deine Frau dich liebt, dann hast du diesen Gedanken, den du denkst in deinem Kopf. Dadurch kann es sein, dass die negative Seite eingreift und dir einflüstert: „Nein, das tut sie nicht. Sie nimmt dich nicht in den Arm, es ist nicht so, wie du dir Liebe immer gewünscht hast. Es ist ein Mangel entstanden." Und somit fängt der Gedankenzyklus an, dass dann der positive Gedanke, dass dich deine Frau liebt, zerstört wird.

Sind negative Gedanken immer negative Beeinflussungen?
Es gibt immer wieder Prüfungen in einem irdischen Leben und wenn dann ein Gedanke nicht zu Ende gedacht wird oder es wird nicht das Gefühl mit hinzu genommen, was man wirklich möchte, dann ja.

Aber wie ist es jetzt, wenn eine Veränderung ansteht, und man weiß einfach nicht, welcher Gedanke jetzt richtig ist?
Wir sagen von geistiger Seite aus immer wieder: Versucht die positiven und die negativen Seiten einer Veränderung aufzuschreiben und gegenzuhalten. Was überwiegt letztendlich, was habt ihr für eure Entwicklung an Vorteilen? Was tut euch gut? So weit kommt der Mensch aber meist gar nicht in seinen Gedanken und dann kann natürlich wiederum eine eigens auferlegte Prüfung eingreifen, die schon längst mit dem karmischen Rat besprochen wurde, um genau an diesen Scheitelpunkt zu kommen und sich zu fragen: „Welche Entscheidung treffe ich?" Auch wenn es scheinbar die falsche war.

Aber dann wird man doch wieder auf den richtigen Weg geführt.
Ja, natürlich. Es gibt Situationen, wenn der Mensch zuviel denkt, dann ist das Gedan-

kenbuch sehr voll. Dadurch kommt die Seele nicht zur Ruhe, um in den Schlaf zu kommen, weil die Gedanken einfach immer wieder kreisen und kreisen. Darum sagen wir immer wieder, dass ihr versucht, dieses Gedankenbuch am Abend zu schließen. Versucht auch tagsüber das Gedankenbuch zu schließen. Versucht in das Seelengefühl hineinzukommen und euch von eurem Gefühl, wenn der Mut dazu da ist, einfach leiten zu lassen.

Soll man das Gedankenbuch aufschreiben?
Nein, aber es ist wichtig, in deinem Seelenbuch zu erkennen und zu differenzieren, wo sind deine Gedanken und wo ist dein Gefühl? Was sagen dir dein Kopf und deine Gedanken? Wo ist dein Gedanke? Den schreibst du auf und wartest eine Zeit, um es nochmals zu lesen und um dann in das Gefühl zu gehen. Was sagt dir dein Gefühl mit einem gewissen Abstand dazu? Ist dieser Gedanke immer noch richtig? Sind diese

Impulse, die die Seele gesetzt hat, mittlerweile durchgedrungen? Seelenimpulse, Gefühle müssen sich manchmal sehr anstrengen, um durch dieses Meer von Gedankenflut überhaupt in eure Gedankenwelt hineinzukommen.

Ein Seelenbuch ist für unser Leben wichtig, um zu erkennen, wer wir sind. Aber ein Gedankenbuch, so wie sich das jetzt anhört, scheint eher hinderlich zu sein. Könnte man auch ohne Gedankenbuch durchs Leben gehen?

Nein, es ist in der Materie des Irdischen nicht möglich. Im Geistigen, wenn ihr euren Körper abgelegt habt, ist es möglich, dann gilt nur noch euer Gefühl. Dann kommt auch meist erst die gesamte Palette der Gefühle zum Tragen. Dann kann auch erst das tatsächliche, lebendige Seelengefühl gelebt werden, weil hier im Irdischen sich durch eure Gedanken eure eigenen Türen ja schon verschließen.

Also gilt es hier im Irdischen, zu unterscheiden und herauszufinden, was die eigenen Gedanken sind, bis sie ins Gefühl kommen.
Ja, richtig.

Mach mal ein Beispiel.
Wenn jetzt jemand mein Buch ‚Das kleine Buch vom Schutz der Seele' entdeckt und das Gefühl ist da: „Oh, das hört sich schön an, das möchte ich lesen", dann liest der Mensch den Titel des Buches nicht mit dem Gefühl, sondern er liest zuerst mit dem Geist, mit dem Denken, mit seiner Denkstruktur. Und dann erst müssen wir uns durch die vielen Beeinflussungen der äußeren Umwelt wühlen, die das Fernsehen, das Radio, die Zeitungen, das Internet oder andere Bücher hinterlassen. Erst müssen wir uns durch den ganzen Wust von Gedankenmüll, der sich dort in jenem Kopf befindet, hindurch manövrieren, um an das Tatsächliche zu kommen: An die Seele. Jedes

Wort, was dann aufgenommen wird, was dann von Seele zu Seele gehen soll, muss immer durch den Gedankenmüll durch, um an das Eigentliche, Lebendige zu kommen. Und bei vielen Menschen schaffen wir es, was gut ist, weil die Menschen mittlerweile die Bereitschaft haben, sich um ihre eigenen Seelenbelange zu kümmern und dass es nicht mehr darum geht, das schönste Haus zu besitzen, das schönste Auto, die schönste Kleidung, den schönsten Schmuck, die schönste Urlaubsreise. Diese Dinge sind nur nebensächlich.

Ist es aber nicht so, dass die Menschen diese Bereitschaft haben, weil es ihnen oft so schlecht geht, auch aufgrund ihrer negativen Gedankenwelt?
Es ist nicht nur die negative Gedankenwelt, es ist auch die negative Beeinflussung durch diese Filme mit viel Negativität, die heute im Fernsehen gezeigt werden. Ich sehe es kaum, dass einmal ein schöner Film

gezeigt wird, wo alles harmonisch ist. Ja, viele spirituelle Filme, wie z.B. ‚Hinter dem Horizont' oder ‚Ghost – Nachricht von Sam'. Diese Filme werden zwar gezeigt, aber die Menschen schauen dort nicht richtig hin. Auf der anderen Seite, wenn es aber um Mord, Totschlag oder Blutsaugen geht, dort wird hingesehen. Der Mensch wird dorthin manipuliert. Allerdings ist mittlerweile schon der Seelenanteil, die Energie positiver, denn die Menschen stehen an einem Scheidepunkt, um zu erkennen, dass sie umdenken lernen müssen, dass sie sich eben um ihre inneren Belange kümmern müssen. Die Depressionen, die kommen, die macht jeder Mensch sich selbst.

Gehört so etwas nicht dazu, da wir ja im Materiellen sind? Müssen wir solche Schwingungen nicht auch kennen lernen?
Ja. Nur, es ist natürlich schwierig, sich von diesen negativen Dingen auch tatsächlich loszusagen. Wir von geistiger Seite sagen

immer wieder: Lernt die Dinge ruhig kennen, schaut euch alles an, sowohl als auch, aber nicht in einem übersteigerten Maß. Wenn etwas ‚Blutsaugendes' gesehen wird, dann gilt es aber genauso, wieder mal etwas Positives anzusehen und sich dort in eine gewisse Form von Seelenbereicherung zu begeben. Das Negative ist natürlich immer in eurer Nähe und versucht euren Geist dahingehend zu beeinflussen, dass diese Negativität viel besser und prickelnder und erotischer ist, als ein harmonischer Liebesfilm. Ich kann das allerdings nicht verstehen. Ein schöner Liebesfilm kann auch sehr erotisch sein.

Wie beispielsweise, wenn ich jetzt ein Buch lese, wo ich fühle, zehn Prozent sind gut, 90 Prozent ziehen mich runter...
Ja, es kommt dann darauf an, wie stark eine Seele ist. Wenn die Seele eine starke, innere seelische Stabilität besitzt, dann ist es gut. Wenn nicht, kann es der Seele schaden.

Der Seelenroman

Du hast früher einmal von einem Seelenroman gesprochen. Elias, was ist ein Seelenroman?
Was wir damit bezwecken möchten, ist eine Möglichkeit, euch vor Augen zu halten, dass ihr eine gewisse Form eurer Lebensgeschichte in Form eines Romans schreiben könnt. Es ist eine spielerische Möglichkeit, eure Seelen zu befreien. Eure Seele möchte frei sein, möchte befreit werden von allem, was an Empfindungen, Emotionen, Gefühlen, Barrikaden, negativen Erfahrungen geschehen ist. Mit einem Seelenroman könnt ihr euch in einer spielerischen Art und Weise selbst erkennen. Und es bereitet Freude.

Das Gruppenseelenbuch

Könnt ihr euch vorstellen, dass es aus jedem Seminar ein Gesamtseelenbuch gibt, was wir über eure Seelen schreiben? Sozusagen ein Gruppenseelenbuch. Und was glaubt ihr, was dort drin steht? Lisa, was meinst du, was da drin steht?

Ich will es gar nicht wissen.
Warum nicht?

Dann würde ich wahrscheinlich erstaunt sein, was alles in meiner Seele vorgeht und worüber ich gar nicht erfreut wäre.
Also hast du eine negative Denkstruktur.

Nicht nur. Ein bisschen positiv schon.
Und was ist dann das Positive?

Alleine schon, dass mich Gott hat haben wollen. Er hat meine Seele erschaffen und

darüber bin ich so glücklich und erfreut. Wenn ich auch nicht so lebe, wie ich es gerne möchte, aber ich weiß, ich kann mich auch auf die Barmherzigkeit Gottes verlassen und mich immer wieder freuen, dass er mich hat haben wollen. Und das ist ja auch schon das Positive für mich.
Etwas wenig, nicht?

Es ist wenig?
Ja, ich meine, dass er dich haben wollte, ist schön und gut.

Natürlich, dass ich so lebe, dass ich eben positive Dinge tue und dadurch weiter den Lichtweg einschlage. Ja, wenn es halt zu wenig ist, ich bin ja willens, zu lernen.
Ja, das sollte jeder sein. Dafür seid ihr ja auf diesem Planeten.
Was meinst du, Markus, was könnte in diesem Gesamtseelenbuch stehen?

Ich würde mal sagen, dass hier nach jedem Seminar ein Bericht geschrieben wird, dass ihr darin dann jeweils die positive Entwicklung einer jeden Person seht, die sie hier im Seminar macht, ob diese Entwicklung jetzt groß oder klein ist.
Ja, die Ergebnisse werden dann auch in die einzelnen Bücher der großen Bibliothek, die es im geistigen Reich gibt, übertragen. Es gibt ein Gesamtbuch von den gesamten Strukturen aller seelischen Entwicklungen während dieser Zeit. Und je nachdem, wie die Entwicklung ist, wird das Ergebnis zusätzlich in das jeweilige Seelenbuch zu den einzelnen eurer eigenen Erfahrungen hinzugeschrieben.

Es gibt ein großes Seelenbuch, hast du gesagt.
Ja, viele, auch für speziell diese Seminarwoche.

Legt ihr Ziele im Vorfeld fest? Es ist ja ein riesiger Aufwand, den ihr im Vorfeld betreibt.
Ja, für jede Seele einzeln.

Natürlich. Wahrscheinlich ist es ein mittlerweile sehr dickes Buch. Wie sieht es aus, wenn Seelen ihre Ziele gar nicht oder nur teilweise erreicht haben? Wie wird das dargestellt?
Da wir im positiven geistigen Reich sind, gibt es für uns keine Negativeinträge. Nicht so, wie es in euren Schulen heißt: Klassenziel nicht erreicht. Wir bedauern es. Wir stellen dann zusätzliche Geistwesen ab, die dann in der Zeit, wo wir nicht direkt mit den Seelen sprechen können, diese Seelen dann weiter anleiten und inspirieren, sie dahingehend zu motivieren, nachträglich noch das gesetzte Ziel zu erreichen. Es ist für uns nur bedauernswert. Und vergesst nicht, das Seminar dauert 365 Tage im Jahr. Die Arbeit geht immer weiter.

Ja, das hatte ich bisher nicht verinnerlicht. Ich habe immer nur wirklich diese Woche gesehen. Hier kommt wohl das typische Menschendenken durch. Ich nehme nur das wahr, was ich sehe.

Symbolisch versuchen wir einen großen Baum in eure Seele zu pflanzen, um mit eurem Seelenbuch neben eurem Seelenhaus diese Verwurzelung hinzubekommen. Wir lassen ja die Seelen nicht los, sondern wir arbeiten ja immer mit den Seelen weiter. Und natürlich gibt es dann Menschen, die ihre Bereitschaft nicht so signalisieren, tatsächlich an ihrer eigenen Seelenentwicklung zu arbeiten. Für sie gilt dann genauso dieses Prinzip: Eine Woche hier, ich habe mit Elias gesprochen, nun gehe ich wieder. Fertig.

Du kannst ja auch nicht dauernd bei jedem sein.

Nein, ich bin nicht persönlich bei jedem einzelnen, aber wir haben extra dafür ausgebildete Geistwesen, die sich dann immer wieder weiter bemühen, eben diese Ziele zu setzen. Könnt ihr euch denn vorstellen, was wir bei euch für Ziele setzen könnten?

Ja, einfach weiter zu kommen mit der Entwicklung der Seele, im eigenen Sinn, aber auch in eurem Sinn. Das ist das Wichtigste.
Was ist unser Sinn? Woher weißt du, wie unser Sinn aussieht?

Ich denke, ihr seid ja dazu bei uns, um uns zu helfen, uns weiterzuentwickeln ...
Ja.

... und uns liebevoll zu begleiten, damit uns das alles leichter fällt.
Einen spirituellen Weg zu gehen, das eigene Seelenbuch zu schreiben und es auch selber zu lesen, ist eine Aufgabe, die für jede Seele irgendwann ansteht. Für den einen eben jetzt hier im Irdischen, wenn ihr mit uns in Kontakt tretet, für die anderen

Menschen, die nichts von uns Geistwesen wissen, dann eben spätestens im geistigen Reich. Das Seelenbuch ist im Grunde genommen nichts anderes als eure eigene Lebensbibel, eure eigenen Gesetzmäßigkeiten, eure eigenen Erfahrungen, eure eigenen negativen Gefühle, eure eigenen positiven Gedanken, eure eigenen Emotionen. Es ist das Leben. Es steht geschrieben mit Verletzungen, mit guten Dingen, mit niederschlagenden Erfahrungen, mit positiven Erleuchtungen, mit gravierenden Erkenntnissen, mit hoch spirituellen Gesetzen. Dies steht alles in einem Seelenbuch, welches ihr von Anbeginn eures ersten Atemzuges hier auf diesem Planeten in eurem Körper begonnen habt, zu schreiben. Und dieses eigene Seelenbuch sollte eure eigene Bibel für euch werden, euer heiligstes Buch.

Ihr müsst lernen, in eurem eigenen Buch zu lesen. Ihr müsst lernen, euch selbst mit dem, was auch in der Vergangenheit geschrieben wurde, zu konfrontieren. Ihr müsst lernen, aus diesen Konfrontationen mit den Negativerfahrungen diese auch wirklich loszulassen, dass sich diese Seiten auflösen, dass ihr sie hier im Irdischen abarbeiten könnt. Auf der anderen Seite müsst ihr die Seiten lesen, die sich in eurem Leben zugetragen haben, die positiv sind, die etwas in eurer Seele entwickelt haben, die eure Seele mit eurem Körper und mit eurem Geist eins haben werden lassen. Ihr solltet diese Erfahrungen in den Vordergrund holen, um daraus die Energie zu schöpfen und zu lernen, dass es diese Dinge sind, die euch im Endeffekt eure Lebensenergie, eure Nahrung für euren Körper geben. Denn nur aus diesen positiven Erfahrungen schöpft ihr letztendlich in Verbindung mit der geistigen Welt die Lebensenergie, dass eure Körper gesund bleiben oder schnell wieder gesund werden.

Darum erwähne ich es nochmals, wie wichtig es ist, in eurem eigenen Seelenbuch zu lesen. Und wenn ihr sagt, dass ihr diese belastenden Dinge, die negativ sind und die vorbei sind, an uns abgebt, dass ihr diese Dinge dann auch tatsächlich loslasst. Und bleibt nicht in einer Scheinwelt, indem ihr es mir sagt, dass ihr die Belastungen abgegeben habt, obwohl diese Dinge noch tief verankert in der Seele sitzen. Und wenn es dann Zeiten gibt, wo ihr eure Negativanteile lebt, wie das ‚Arme Ich', einen Egoismus, einen Fanatismus, eine Euphorie, wie immer es gerade genannt wird, dann zieht ihr wieder die negative Energie an und holt sie zurück.

Eure Seele will mit euch hier lernen. Sie ist verbunden mit eurem Geist, um sich zu entwickeln. Sie möchte leben, sie möchte lernen. Sie möchte aber nicht nur von außen Gelesenes bekommen, sondern sie möchte das Innere leben lassen und die eigenen Erkenntnisse auch einmal erkennen. Denn wenn ihr lernt, aus eurem eigenen inneren Repertoire zu schöpfen, was dort schon alles geschrieben ist, und ihr euch mit eurem eigenen Seelenbuch verbindet, so besteht dann auch die Möglichkeit, in alte Inkarnationen hineinzukommen und dort nach den alten Weisheiten greifen zu können. Was in euren alten Seelenbüchern geschrieben steht, habt ihr im geistigen Reich abgearbeitet. Die Negativanteile gibt es nicht mehr. Dann könnt ihr dorthin schauen und euch dieses Wissen aneignen und in diese Inkarnation hineinholen. So würde euer Leben im göttlichen Sinne bereichernder und größer sein und ihr würdet mit eurem Geist und mit eurer Seele mehr wachsen.

Partnerschaft – mehrere Seelenbücher

Wenn sich zwei Menschen neu begegnen, dann begegnen sich auch zwei Seelenbücher.
Ja, so könnte man es auch sagen. Es ist wichtig, wenn ihr Begegnungen mit Menschen habt, und ihr spürt, dass diese Begegnungen nicht gut sind, haben trotz alledem diese Begegnungen immer wieder eine kleine Bedeutung. Es ist die Begegnung zweier Seelen, die sich treffen mussten, um vielleicht noch etwas aus ihren alten Seelenbüchern zu löschen. Ja, zu löschen. Etwas Altes aus früheren Inkarnationen zu löschen, oder etwas aus diesem Leben, das nicht gut war. Dann kann es sein, dass man sich in einer Beziehung wieder trennt, um die alten Aspekte zu löschen. Ist auch möglich. Es gibt aber auch Seelenbücher, die sich verschmelzen, wenn sich zwei Seelen wieder finden. Voraussetzung dafür ist aber

eine absolute Seelenliebe. Es gibt schon ein paar Seelen, die dabei sind, aus ihren Seelenbüchern aus einer alten Inkarnation das Positive herauszuziehen, das Negative aufzulösen und für diese Inkarnation ein einziges zu schreiben.

Eine Seelenliebe kann alte Erfahrungen löschen?
Ein Wissen um eine Seelenliebe reicht, um etwas Altes, Verletzendes tatsächlich aus der Seele herauszulassen und in einer neuen Inkarnation aus zwei Seelenbüchern eins zu machen. Es ist machbar.

Muss ich in alte Inkarnationen zurückgehen und mir das ganze Leben anschauen?
Nein, das löst sich von ganz allein auf, weil das Positive, die Seelenliebe überwiegt. Die Liebe hat die Form und die Macht, die Negativempfindungen aufzulösen, wenn sie eine wahrhaftige ist. Wenn diese Seelenliebe da ist, besteht die Möglichkeit, die nega-

tiven Erfahrungen aus anderen Inkarnationen aufzulösen und sie tatsächlich nicht mehr in das Bewusstsein und in die Seele hineinzulassen. So haben sie keinen Platz mehr. Dann gilt es nur noch, das Positive aus euren alten Inkarnationen herauszuholen, um so euer altes Wissen hervorzuholen.

Und diese Steine, die jetzt in diesem irdischen Leben mir in den Weg geräumt werden, anzuschauen und dann beiseite legen...
... das ist die Aufarbeitung, ja. Aber dies muss differenziert gesehen werden. Ihr müsst immer darauf achten, dass die negative Welt natürlich immer verhindern möchte, dass bei einem sich positiv entwickelnden Menschen etwas Gutes geschieht. Denn dadurch würden sie eine Seele verlieren. Deshalb ist immer die Gefahr da, wo sich etwas Gutes entwickelt, dass auch die negative Seite nicht fern ist. Und sie sorgt dann dafür, dass diese negativen Steine erst einmal vor die Füße geworfen werden. So

können diese Steine wachsen und größer werden, um damit die Probleme noch zu vergrößern.

Wenn jetzt in euch eine Unsicherheit entstehen sollte, dass ihr euch zurückzieht, dann kann auch die negative Seite die negativen Gedanken verstärken. Deshalb seid wachsam, seht euch diese Steine genau an, aber reagiert nicht sofort mit eurem gesamten Sein darauf. Schaut es euch erst genau an, bewahrt die Ruhe, damit wir von geistiger Seite aus die Möglichkeit haben, mit euch diese Steine zu entfernen, euch zu inspirieren und euch aufzuzeigen, dass es in Wirklichkeit gar nicht so schlimm ist. Diese negativen Steine sind eigentlich nur Styropornachbildungen und man kann sie ganz leicht an die Seite legen. Das ist ganz wichtig. Viele sehen dann immer erst die Berge und die Steine und die Schwierigkeit. Und im Grunde genommen ist alles nur aus Styropor, aus Luft. Es ist ganz leicht. Nur das Denkmuster, das Denken der Menschen

macht es schwer und der Mensch ermöglicht somit eine stärkere Beeinflussung der negativen Seite.
Ihr seid hier auf einem Kriegsplaneten. Nicht nur, dass in andern Ländern Kriege geführt werden, nein, selbst bei euch in den kleinsten Familien. Da stößt dann auch die negative Seite hinein und versucht es immer wieder. Bei sensiblen Menschen kommen die negativen Wesen immer über das Gefühl. Bei Kopfmenschen gehen sie immer über die Logik, wo sie dann sagen: „Schau mal, es ist doch alles unlogisch, was Elias da erklärt. Es ist alles unlogisch, kannst du das nachvollziehen?" Somit bildet sich dann immer diese große Welle weiter, nur um die Menschen von ihrem eigenen Gefühl, von ihrem eigenen Weg zu entfernen. Viele Menschen lassen sich von anderen von sich selbst entfernen, vom eigenen Ich, vom eigenen Seelenbuch, von der eigenen Entwicklung, von dem eigenen Tun.

Wenn zwei Menschen, die sich lieben, sich gefunden haben, wächst das Seelenbuch dieser zwei zusammen, oder nur, wenn die Seelen sich gegenseitig lieben?

Ich weiß, was du sagen möchtest. Ja, es wächst zusammen. Liebe kann immer wachsen. Es geht immer um die Seelenliebe. Es ist das Wort Liebe, das erst einmal definiert werden soll.

Die Liebe hat nichts mit körperlichem Zusammensein zu tun. Das Zusammensein ist dann nur die Krönung der Liebe. Aber die Liebe kann tatsächlich immer nur mit den Jahren wachsen, außer ihr kennt die Seele und merkt, dass ihr euch bereits aus vielen früheren Inkarnationen kennt. Dann ist die Möglichkeit da, an diese alte Form der Liebe wieder anzuknüpfen und damit eine neue Liebe, die nun hinzukommt, wachsen zu lassen. Liebe ist ein Prozess des gegenseitigen Kennenlernens, des Seelenbuchlesens. Man muss erst das eigene Seelenbuch lesen, dann das der anderen Seele. Nicht aus Neugierde, sondern aus dem Interesse heraus, mit wem ihr es denn eigentlich zu tun habt.

Das heißt, dass wir unsere Seele schon gut kennen sollten.
Natürlich. Zu erkennen, wie eure Seele aussieht, ist auch sehr wichtig. Ist sie groß, ist sie klein, ist sie lebendig?

Meine Seele ist lebendig, aber immer auf dem Sprung, was mich manchmal erschöpft.
Das Leben hat viele Facetten. Es ist farbenfroh, es ist schön, aber es hat auch seine Grenzen. Und um einen Energieverlust einfach zu stoppen, ist es wichtig, dass ihr mit eurer eigenen Seele auch mal streng seid, dass ihr sie nicht immer in die Freiheit laufen lasst. Also ruft sie auch mal zu euch, ruft sie zur Ordnung. Auch eine Seele braucht eine Ordnung, und eine Strenge, wenn sie zu weit geht.

Ich bin sprachlos, ich habe das eben bei den anderen bewundert, mein Seelenhaus vermag ich mittlerweile zu sehen, aber eine Form habe ich ihr bisher nie gegeben.
Deine Seele hat aber auch eine Form. Ob sie Farben hat, oder ob es eine alte im weißen Gewand sitzende Seele in einem Schaukelstuhl ist, oder ob es eine tanzende Seele ist, das ist ganz egal.

Eine tanzende Seele bin ich, glaube ich, nicht.
Schau mal, das sind deine Gedankenstrukturen, das sind deine irdischen gemachten Gedankenstrukturen, die gehören hier gar nicht hin. Du hast so ein Temperament und eine Lebendigkeit in dir. Wenn du erst die Türen aufmachst und tatsächlich deine Seele wirken lässt, dann würdest du spüren, was noch alles in dir ist.

Ich habe generell Schwierigkeiten, mir die Form meiner Seele vorzustellen.
Die Form der Seele verändert sich.

Auch die Farben?
Ja, auch die Farben. Je nachdem, wie euer Tagesempfinden ist, so strahlt eure Seele. Geht es dem Körper nicht gut, kommen dunkle Farben. Ist die Seele glücklich, leuchtet sie, ist sie zufrieden, sind es helle Farben oder Pastelltöne. Die Seele hat dann eine Größe, dass sie über eure Aura hinausgeht. Je nachdem, wie eure Seele leuchtet und sich ausdehnt, zeigt sie, wie sie sich im Körper fühlt, wie präsent oder nicht präsent sie ist.

Loslassen

Etwas Altes, Problematisches wirklich loszulassen, was du vorhin erwähnt hast, das finde ich sehr schwierig. Kannst du dazu einen Hinweis geben, wie man das wirklich macht? Ich gebe manche Belastungen ab, aber ich frage mich, ob es geklappt hat und dann sind diese Belastungen wieder da.

Dadurch ist es kein wirkliches Loslassen. Es ist dann zwar von deiner Seele frei gegeben, aber dein Geist, das heißt der Verstand – Geist und Verstand sind eins – will es nicht glauben. Es ist für dich sehr wichtig, wirklich daran zu glauben und deiner eigenen Seele zu vertrauen, dass du deine Belastungen losgelassen hast. Hier greift ebenfalls die negative Seite ein und vergrößert die Unsicherheit in einen Zweifel, und dann kommt alles wieder zu dir zurück.

Wie ein Ritual des Loslassens auszusehen hat, spielt keine Rolle. Es kann individuell sein. Es kann in einer blauen Schale uns gegeben werden, es kann in einem Berg Erde verbuddelt werden, es kann in einen Fluss gegeben werden, es kann in einem Feuer verbrannt werden, es kann in einem Kochtopf sein, ganz egal. Das spielt keine Rolle. Wichtig ist euer absoluter Wille zum Loslassen.

Und wenn die Gedanken des Zweifels wiederkommen, schickt diese Gedanken an die geistige Welt und sagt: „Diesen Gedanken gebe ich keinen Raum mehr." Räumt ihr diesem Gefühl und diesen Gedanken immer wieder den Raum ein, dann ist das ganze Loslassritual umsonst gewesen und ihr könnt wieder von vorne beginnen.

Wir sagen sonst immer, dass ihr euch keine Blockaden setzen sollt, aber um die störenden Gedanken zu unterbinden, müsst ihr hier symbolisch eine Blockade setzen, damit ihr eure Probleme wirklich loslassen könnt. Auch hier kann es geschehen, dass die negative Seite das verhindern will, dass euer Loslassen tatsächlich geschieht. Die Negativität möchte verhindern, eurer Seele die Möglichkeit zu geben, sich weiter zu entwickeln und neue, bessere Erkenntnisse zu erlangen, um damit neue Türen eurer Entwicklung aufzumachen. Dort gilt es dann für euch, eine Konsequenz zu entwickeln. Ihr müsst dann absolut konsequent mit euch sein. Wenn es gilt loszulassen, dann heißt es loslassen. Wenn wir diese Konsequenz bei euch spüren, dann nehmen wir das Losgelassene mit.

Wie lässt man einen Menschen los?
Einen Menschen loszulassen ist etwas ganz anderes als eine gelebte gefühlvolle emotionale Geschichte loszulassen. Um eine Seele loszulassen, bedarf es einer beidseitigen Entwicklung. Wenn eine tiefe Seelenverbindung zwischen den Seelen besteht, wird ein tatsächliches Loslassen nicht stattfinden, weil sich nur die Ebenen des Lebens verändern. Der Prozess des Loslassens wird

hier in den Hintergrund treten, da die Seelen immer wieder auf einer gewissen Ebene verbunden bleiben. Es ist genauso, wenn Seelen inkarnieren, die schon mal zusammen durch irdische Erlebnisse und Emotionen gegangen sind. Sie werden niemals voneinander getrennt. Es besteht für immer eine Seelenverbindung. Außer es ist etwas in einer Inkarnation nur durch- oder aufzuarbeiten, wie es vor der Inkarnation im Karma festgelegt wurde. Dann gibt es einen Schnitt. Dann werden die Seelen voneinander getrennt und freigegeben.

Wenn jetzt die eine Seele die andere loslässt, aber die andere das nicht will, behindert dadurch diese andere Seele diejenige, die loslassen möchte?
Ja.

Und was kann man dagegen tun?
Dort kann man eine Grenze hineinsetzen, wie ich es eben gesagt habe. Dann ist es für

euch wichtig, diese Behinderung nicht zuzulassen. Sorgt dann in euren emotionalen Bereichen für eine konsequente Ordnung. Und nehmt euer eigenes Leben in die Hand, übernehmt für euer Leben die Verantwortung.

Tatsächliches Loslassen ist sehr unterschiedlich. Es ist enorm wichtig, wenn ihr tatsächlich etwas loslassen wollt, dass ihr euch darüber im Klaren seid, ob es auch wirklich sinnvoll ist, etwas loszulassen. Etwas loszulassen, nur weil es als eine momentane Last gesehen wird, bringt nichts, dann kommt die Last wieder, da dann noch von euch Lernprozesse gelebt werden müssen, die aus euren eigenen Erkenntnissen heraus wiederum in eurem Seelenbuch eingetragen werden müssen. Ihr seid also alle eure eigenen Schriftsteller, ja?

Im Moment ist es für mich ganz schwer, meinen Seelenpartner loszulassen.
Warum habt ihr euch getrennt?

Schwer zu sagen, aber im Nachhinein habe ich gemerkt, wie sehr er mir fehlt. Es gibt kein Zurück mehr. Er will nichts mehr mit mir zu tun haben.
Ja, dann gilt es, das auch ins Seelenbuch hineinzuschreiben. Und übrigens müsst ihr nicht mit jedem Menschen, den ihr im Leben begegnet, verbunden sein und die Seele aus alten Inkarnationen kennen. Es gibt auch Seelen, die ihr erst neu kennenlernt, wo es trotz alledem aus geistiger Sicht ganz viele gemeinsame Aspekte geben kann. Also ihr solltet es möglichst vermeiden, als Spiritualist auf die Suche nach Menschen zu gehen, ob ihr mit ihnen schon einmal frühere Inkarnationen hattet. Das ist letztendlich unwichtig.

Ich habe einen Partner, der den spirituellen Weg nicht mit mir geht.
Muss er vielleicht auch gar nicht. Und trotzdem kann dieser Mensch für dich eine große Bereicherung sein. Es kommt doch

im Endeffekt darauf an, wie deine Liebe zu diesem Menschen ist. Ist die Liebe da? Reicht die Liebe aus? Es spielt keine Rolle, ob der Partner einen spirituellen Weg geht. Niemand muss diesen Weg gehen. Wer ihn geht, hat einen Vorteil. Wer ihn nicht geht, hat auch einen Vorteil. Dieser Mensch geht ihn dann stillschweigend. Es muss nicht im Bewusstsein sein. Und diese Erwartungen, die du hast, sind viel zu hoch. Du erwartest einfach viel zu viel von einem Menschen.

Meine Erwartungen an mich selber sind sehr hoch und ...
Ja, und wie soll ein anderer Mensch diese erfüllen? Das geht gar nicht.
Passt auf, welche Erwartungen ihr an andere Menschen habt. Ganz schwierig sind die unausgesprochenen Erwartungen. Wenn ihr etwas von einem anderen Menschen erwartet und dieser nicht reagiert, was passiert dann? Ihr seid enttäuscht. Diese Enttäuschung wird immer größer und dann kommt

es zu Trennungen, die gar nicht sein müssten, die überhaupt nicht von euch für das Leben geplant waren. Du trennst dich von jemandem, weil deine Erwartungen zu hoch sind und du diese Erwartungen auch nicht benannt hast.

Dann muss ich wohl mehr sprechen.
Aber schnell, sonst wirst du irgendwann – das kann ich dir heute schon mal sagen – als einsame, griesgrämige alte Frau irgendwo sitzen und sagen: „Ich war ja immer spirituell, aber niemand liebt mich." Und warum? Weil deine unausgesprochenen Erwartungen an andere Menschen zu hoch sind. Und deine an dich selber noch viel höher. Dies muss nicht sein.

Danke für die ehrlichen, harten Worte.
Ich muss sie dir geben, ja. Nur somit bekomme ich deine Seele wach. Es geschieht nur aus einer Seelenliebe heraus. Und du musst auch nicht irgendwo in irgendeine

Therapie gehen, um das zu bearbeiten. Lasse deinen Seelenpartner los. Es stand so im Buch. Jetzt bist du in einer Neuorientierung und orientiere dich jetzt aber richtig, schreibe jetzt dein Seelenbuch neu, ansonsten läufst du nur vor dir selber weg.

Entscheidungen treffen gehört auch irgendwie zum Thema des Loslassens. Ich kenne viele Menschen, die einfach entscheidungsunfähig sind. Entscheidungen zu treffen, ist aber wichtig, damit ihr, das positive geistige Reich, die Seele irgendwie unterstützen könnt. Wie ist es möglich, diesen Menschen zu helfen?

Gar nicht. Die Menschen müssen lernen, ihre eigenen Entscheidungen ohne Beeinflussung von außen treffen zu können. Viele Worte helfen nicht viel. Viele klarmachende Bilder in einer Situation der Entscheidungsfindung können die Seele mehr verwirren als ihr helfen. Dort gilt es einfach zu unterstützen und der Person zu sagen, dass sie irgendwann eine Entscheidung treffen werden. Viele Menschen treffen keine Entscheidung, weil sie Angst haben. Der Faktor Angst, das Angstmachen hier auf diesem irdischen Planeten, spielt ja eine große Rolle. Angst, andere Menschen verletzt zu haben. Angst, in den negativen Abgrund zu fallen. Angst, die falsche Entscheidung getroffen zu haben und vor uns, vor der geistigen Welt, nicht mehr den klaren Blick zu haben.

Diese Ängste müssen unbedingt berücksichtigt werden. Angst ist der wichtigste Faktor und der schlimmste hier auf diesem Planeten. Angst frisst die Seele auf. Wenn dieser Anteil der Angst beim Menschen zu groß ist und von anderswo keinen Sicherheitsimpuls erhält, dann wird keine Entscheidung getroffen, oder die falsche. Es gibt in dem Sinne keine falsche Entscheidung, sondern es ist ja dann der freie Wille, der entscheidet, der in dem Moment, an diesem Tag, zu dieser Stunde, in dieser Sekunde so war.

Ja, aber von der Angst blockiert.
Richtig. Wer aber, wenn diese Entscheidungsfähigkeit durch eine Angst blockiert ist, in einen negativen Charakter hineingeht, dann kann bei demjenigen diese Entscheidung für die seelische Entwicklung nicht richtig gewesen sein. Aber solange eine Angst vorherrscht, ist keine Entscheidungsmöglichkeit gegeben. Und jeder sollte genauestens hineinschauen, was den anderen daran hindert, Entscheidungen zu treffen. Wenn es die Angst ist, dann versucht nicht, auch noch darauf einzureden oder der Person zu sagen, dass ihr ihr die Angst nehmt. Sondern sagt der Person einfach, dass ihr, egal wie sie sich entscheidet, für sie da seid. Das ist dann wahre spirituelle Hilfe. Eine eigene Entscheidung ist viel besser als die aufgestülpten emotionalen Empfindungen eines anderen.

Ein materielles Seelenbuch anlegen

Elias, du hast gesagt, wir sollen das Seelenbuch schreiben. Sollen wir das Buch im geistigen Reich schreiben, oder sollten wir auch gleichzeitig eine Art Tagebuch schreiben?

Die Form des Schreibens bleibt jedem selbst überlassen. Ob ihr das gedanklich macht, ob ihr dann gleich das Geschriebene in das Seelenbuch im geistigen Reich überträgt, ist egal. Ihr könnt aber auch jeder für sich euer eigenes Studium aufnehmen. Dann wäre es wichtig, eure Erkenntnisse hier auf Erden zu manifestieren, also in eine geschriebene Version zu bringen. Dann gilt es, in diesem Studium immer weiter zu arbeiten. Das heißt aber nicht, dass jetzt jeden Tag etwas geschrieben werden muss. Kein Tagebuch, wie heute eure Empfindungen waren, um zu sehen, dass ihr heute anders seid als ihr gestern wart. Das ist nicht der

Sinn. Die Freiheit beim Schreiben ist wichtig. Lasst eure Seele sich entwickeln. Und achtet auf Aspekte, die neu sind, für euch unnatürlich sind, wo eure Seele vielleicht neue Türen aufgemacht hat. Diese Aspekte solltet ihr notieren. Dadurch erhaltet ihr neue Erkenntnisse oder eine neue Sichtweise, oder neue Eindrücke von Menschen. Oder ihr könnt euren spirituellen Weg dank eines Seminars anders gehen. Habt ihr eine tiefere Erkenntnis bekommen, schreibt diese auf, wenn es von euch gewünscht ist. Es muss nicht sein, aber es würde im Endeffekt eure seelische Entwicklung hier im Irdischen vereinfachen. Es ist so wichtig, dass ihr euch mit euch selbst auseinandersetzt, euren eigenen Impulsen nachgeht. Wer seid ihr? Wer bist du? Was bist du für eine Seele?

Ist die Farbe meines Seelenbuches auch gleichzeitig meine Seelenfarbe?
Ja, meistens.

Ein Abgaberitual

Es wird immer wieder von unseren Lesern nach einem Abgaberitual gefragt, meistens nach einem Verbrennungsritual. Was könnt ihr uns über ein solches Verbrennungsritual sagen? Und welche Schritte sind dafür wichtig?

Als erstes schließt ihr eure Chakren. Dann sollt ihr euch fragen: Was soll mit der geistigen Welt geteilt werden? Welche Dinge sind es, die euch belasten? Meistens handelt es sich in diesem Ritual um belastende Anteile hier in eurem irdischen Dasein. Und dann ist es wichtig, wenn ihr ein Ritual machen wollt, diese belastenden Dinge aufzuschreiben, das Papier mit den aufgeschriebenen Worten zu zerreißen und alles dann in einem feuerfesten Behälter anzuzünden. Dann ist es wichtig, diesen Worten im Kosmos Platz zu geben, so dass sie sich umwandeln können und als kosmische, positive Energie wieder auf diesen Planeten zurückkommen, um für andere Aufgaben wiederum benutzt zu werden und diese Aufgaben wiederum in etwas Positives umzuwandeln.

Wichtig ist dann, die Asche aus dem Behälter zu entfernen, diese Asche dann in ‚Mutter Erde' zu vergraben. Damit sollte das Problem im wahrsten Sinne des Wortes beerdigt sein, aber bittet uns im geistigen Reich dann darum, dass diese freigesetzten Energien umgewandelt werden. Einerseits soll diese Energie dem Boden von ‚Mutter Erde' Gutes tun, andererseits aber soll die Energie der Problematik für die Seele nicht mehr in die irdischen Bereiche zurückkehren.

Übt dieses Ritual möglichst nicht in der Nähe eurer Wohnung oder im eigenen Garten aus, sondern immer an einem fremden Ort, denn ansonsten wird ein energetisches Band zwischen der Begräbnisstätte und eurer eigenen Seele gezogen. Gebt dann alles frei, bedankt euch beim geistigen Reich und bei eurer eigenen Seele für ihren Mut der Erlösung dieser Dinge. Dann verlasst diesen Platz.

Worauf sollten wir bei einem solchen Ritual noch achten?
Es kommt bei einem Ritual immer darauf an, wie tief euer Empfinden aus eurem Seelengefühl tatsächlich kommt. Wenn ihr ein größeres Problem abgeben wollt, sollte eine vertraute Seele bei euch sein, wenn dieses Abgaberitual vorgenommen wird. Es ist immer wichtig, dass ihr für euch entscheidet und herausfindet, ob ihr das Problem auch wirklich abgeben wollt.

Abschlusssätze

Bitte gib uns noch ein paar Abschlusssätze mit.
Vergesst die Erkenntnisse nicht, die ihr gesammelt habt. Versucht immer wieder euch an euer eigenes Seelenbuch zu erinnern, versucht immer wieder die Fragen zu stellen: „Wer bin ich? Warum bin ich hier? Was möchte ich für meine Seele hier auf diesem Planeten, in dieser Inkarnation erreichen?" Richtet euer Augenmerk nicht darauf, warum ihr verletzt werdet, warum die Menschen euch nicht lieben, warum ihr es so schwer habt.
Wir Geistwesen würden uns freuen, wenn ihr diese positiven Einstellungen, die in euren Seelen sind, euch bewahrt, sie in eure Zellen eures Seins ausbreiten lasst, sie leben lasst. Dadurch würdet ihr auch uns im geistigen Reich sehr viel Arbeit abnehmen.

Mit ein wenig Mühe, Mut und Vertrauen müsste es klappen.

Danke für deine Worte und für das wichtige Thema Seelenbuch.
Wir hatten euch ja gesagt, dass es immer wieder wichtig ist, euer Seelenbuch für eure neue Inkarnation hier zu schreiben. Im Laufe eines irdischen Lebens verändern sich die Gefühle und Erkenntnisse immer wieder. Das, was an einem Tag von euch geschrieben wurde, kann sich in vier Wochen wieder verändern. Das kann sich in vier Jahren verändern, es kann sich aber auch überhaupt nicht mehr verändern. Und dann kann euer Seelenbuch als ein Studienbuch angesehen werden. Ich sage es immer wieder, um es fest in eure Seelen zu integrieren. Lest immer wieder nach: Was war vor zehn Jahren? Was habe ich damals geschrieben? Wie ist meine Entwicklung heute?
Schaut immer wieder in die Vergangenheit, schaut in die Gegenwart. Was hat sich ver-

ändert? Nur so könnt ihr feststellen, wie sich eure eigene seelische Entwicklung vorwärts bewegt. Seid ihr in einem Stillstand? Macht ihr Rückschritte oder macht ihr Fortschritte? Wie fühlt sich eure Seele an? Ihr braucht nicht euren Körper berühren, darum geht es nicht. Aber wie fühlt sich euer Inneres an? Hat sich auch im Laufe der Zeit euer Seelenhaus mitentwickelt? Wie verändert es sich? Habt ihr neue Fenster, neue Türen, ist euer Keller aufgeräumt? Wie sieht es auf dem Dachboden aus, wo sind in eurem Seelenhaus die versteckten Ecken? Wo möchtet ihr nicht hinschauen? Was habt ihr vielleicht noch in das Mauerwerk gesteckt, was ihr verstecken wollt?

In eurem Seelenbuch zu schreiben bedeutet nicht, wie euer materielles Leben verläuft, wie ihr leben könnt, was ihr für Urlaube macht. Nein, es geht in der Hauptsache darum, wie sieht euer Seelenbuch am Ende eures Lebens aus. Welche Schlussworte habt ihr geschrieben? War es eine erfolgreiche Inkarnation? Wie habt ihr euer Leben empfunden? Habt ihr euch zu sehr beeinflussen lassen? Hat die negative Seite euch viel Energie geraubt? Um an eure Seele tatsächlich zu kommen, ist es wiederum auch wichtig, die Seelentüren zu öffnen, das heißt, den eigenen Zugang zu eurer Seele zu finden. Und ein einfacher und spielerischer Weg ist das Seelenbuch.

Wer ist Elias?

Elias, wer bist du?
Ich bin ein autorisiertes Geistwesen, abkommandiert von Jesus Christus, um über Medien die Wahrheit über die Existenz der geistigen Welt zu vermitteln, was ich jetzt schon seit über 40 Jahren mache. Erst im Medialen Friedenskreis Berlin und seit über 20 Jahren im Spirituellen Forschungskreis Bad Salzuflen. Ich bin ein Krieger der Wahrheit. Das letzte Mal war ich im 17. Jahrhundert in Port-Royal, Frankreich, inkarniert und besaß ein Weingut.

Was sagt Elias zu seinem eigenen Seelenbuch?

Wenn ich eine intime Frage stellen darf, wie sieht denn das Seelenbuch eines Lichtträgers aus? Ein Lichtträger, der vor 350 Jahren das letzte Mal inkarniert war?
Wie mein Seelenbuch aussieht? Meinst du das Äußere oder den Inhalt?

Also mehr den Inhalt. Aber das Äußere könntest du, wenn du magst, auch erwähnen.
Ja, ich habe einen bordeauxfarbenen Lederdeckel.

In deinem letzten Leben in Frankreich warst du ja dem Wein sehr zugetan.
Ja, es geht ja auch um meine letzte Inkarnation, nicht wahr? Meine Seelenanteile, die ich mir vor der Inkarnation gewählt hatte, habe ich fast erfüllt. Ich habe negative emo-

tionale Ausschreitungen gehabt, darum bin ich ja jetzt auch Lichtträger, um eben den Menschen beizubringen, diese Ausschreitungen nicht vorzunehmen. Das heißt, wir haben nicht in Saus und Braus gelebt, sondern wir haben schon versucht, den Jansenismus und die damit verbundene spirituelle Arbeit zu bewegen. Wir haben viel gearbeitet, wir haben viele Ängste ausgestanden, wir haben viel Gutes bewegt, und ich hatte gute Kinder. Es gibt aber auch Negativanteile, wenn man ein Weingut besitzt und eben selber gerne Wein trinkt. Und somit gab es dann auch die Benebelungsausschreitungen. Das heißt, dass wir die Nächte ‚durchgezecht' haben, wie ihr zu sagen pflegt. Diese waren natürlich für meine eigene seelische Entwicklung nicht gut.

Also hört dein Seelenbuch nach dieser Inkarnation auf?
Ja.

Du hast jetzt kein aktuelles Seelenbuch?
Nein, ich weiß, was du meinst, aber das ist ein anderes Seelenbuch. Mit diesem Medium hier und mit euch schreibe ich ein spezielles Seelenbuch. Nach jeder Begegnung, nach jeder Weiterentwicklung eures Arbeitskreises *(Spiritueller Forschungskreis Bad Salzuflen e.V. (SFK); Anm. d. Hrsg.)* gibt es ein spezielles Buch. Auch dort führe ich dieses weiter fort, denn eure Gruppe hat ja in dem Sinn auch ein Karma. Es sieht ja genauso aus, wie das eines jeden einzelnen, nur eben auf eine ganze Gruppe bezogen.

Aber das hört sich so an, dass dein Seelenbuch, jetzt ausschließlich mit dem SFK verknüpft ist, mit dem Medium. Es gibt kein ureigenes Eliasbuch....
Nein, kein Ureigenes.

Braucht man als Lichtträger kein eigenes Seelenbuch mehr?

Als Lichtträger tragen sich meine Erkenntnisse automatisch ein. Es ist schwierig, dies in euren Worten auszudrücken. Selbstgreifend, selbstständig, ja? In meiner Sphäre im geistigen Reich ist es ja so, dass wir eng mit dem karmischen Rat verknüpft sind und dass diese Eintragungen sich verselbstständigen, sie schreiben sich von selbst. Und ich kann dann dort immer wieder nachgreifen. Es wird nicht mehr von mir aktiv bearbeitet. Sondern es läuft parallel.

Die Seelen, die in das geistige Reich kommen, erhalten ihr Buch der letzten Inkarnation. Das wird dann dort in das Hauptseelenbuch übertragen. Dann zeigt sich die Entwicklung der Seele, dann zeigt sich, wie die Seele Sommerland empfindet und wie der einzelne Weg zur Bearbeitung in welcher Sphäre ansteht, welche Aufgaben gewählt werden. Das trägt dann jede Seele wieder parallel ein. Die Halle der Seelenbücher ist sehr groß.

Das heißt, wenn ich da mal einhaken darf, Elias, von dem Urschrei, das heißt, von der ersten Entscheidung hier unten auf der Erde zu inkarnieren bis zu der 60. Inkarnation gibt es immer ein Seelenbuch, in dem die Inkarnation hier auf der Erde beschrieben ist, in dem die Zeit dazwischen im geistigen Reich beschrieben ist, in dem dann wieder die Inkarnation auf der Erde oder sogar auf einem anderen Planeten beschrieben ist, so dass das gesamte Seelenbuch einen relativ großen Umfang haben müsste. Und wenn man im geistigen Reich ist, kann man das auch lesen?
Ja, richtig.

Und wenn man hier unten ist, kann man das nicht lesen?
Nein, darum ist es ja wichtig, dass wir mit euch in Verbindung treten und euch diesen

Hinweis geben und sagen: Arbeitet an eurem Seelenbuch. Schreibt euer Seelenbuch. Für eure spätere Entwicklung im geistigen Reich ist es so wichtig. Es geht ja nicht darum, dass wir Geistwesen euch hier zu besseren oder heiligen Menschen umfunktionieren möchten, sondern es geht ausschließlich um jeden einzelnen mit seiner ureigenen Seelenentwicklung. Es geht um eure Bewusstwerdung, dass eure Seele nach dem irdischen Ablegen eures Körpers weiterlebt. Und wenn ihr dieses Bewusstsein habt, so könnt ihr mit eurer Seele ganz anders in Verbindung treten.

Bitte beachten Sie auch die folgenden Seiten.

Wer Interesse an einem kostenlosen Probeprotokoll einer medialen Sitzung des Spirituellen Forschungskreises e.V., Bad Salzuflen hat, melde sich bitte bei uns im Verlag. Wir senden es gerne zu.

Auch Informationen zu den Lebensschulen, die auf den Lehren von Elias aufgebaut sind, oder eventuelle Ansprechpartner in ihrer Nähe können wir Ihnen mitteilen.

Bergkristall Verlag GmbH
Krumme Weide 30, 32108 Bad Salzuflen

Weitere Bücher von Elias

Das kleine Buch vom Schutz der Seele
Martin Fieber (Hrsg.)
192 Seiten
ISBN 978-3-935422-44-4
(erst wieder in 2012 in dieser Form lieferbar. Bis dahin gibt es das Buch als Taschenbuch im Verlag Droemer Knaur mit der ISBN 978-3-426-87471-4)
Wozu sollte man sich schützen? Warum gerade bei Vollmond? Warum sollte man regelmäßig die Chakren schließen? Wie schützt uns unser Seelenstein? Und unsere Geburtsfarbe? Was ist ein Seelenhaus? In diesem Buch erklärt die geistige Welt die Hintergründe, warum die Seele geschützt werden sollte. Die durch Abbildungen veranschaulichten einfachen Schutzübungen sollen dem Anwender helfen, in seine Mitte zu kommen und sich von Energien abzugrenzen, die nicht gut tun.
Ein wichtiger Leitfaden aus der geistigen Praxis für unsere tägliche Praxis.

Das kleine Buch vom Schutz der Seele ist auch als Hörbuch erschienen:

Das kleine Buch vom Schutz der Seele
Hörbuch 2CDs – 124 Minuten
Martin Fieber (Hrsg.)
gelesen von **Michaela Merten** und **Pierre Franckh**
ISBN 978-3-935422-64-2
Michaela Merten und Pierre Franckh machen dieses Hörbuch zu einem Ereignis. Genießen Sie es und lassen Sie sich überzeugen, wie wichtig der Schutz der eigenen Seele wirklich ist.

Bleibe der, der du bist, aber wachse!
365 Tage mit Elias
Martin Fieber (Hrsg.)
192 Seiten
ISBN 978-3-935422-42-0
Lassen Sie sich von Elias in Ihre eigene Seelenwelt begleiten und freuen Sie sich jeden Tag auf eine Weisheit von ihm. Vielleicht hören Sie ja, wenn Sie in die Stille gehen und über seine Worte nachsinnen, wie er Ihnen zuflüstert: „Bleibe der, der du bist, aber wachse!" Dieses Buch ist ein wahres Kleinod und wird mit Sicherheit Ihr Herz begeistern und Ihre Seele erleuchten.

Das Geistige Reich
Martin Fieber (Hrsg.)
240 Seiten - **ISBN 978-3-935422-09-3**
Wie ist das geistige Reich aufgebaut? Welche Aufgaben haben Erzengel, Lichtträger und Lichtboten? Hier erfahren Sie alles, was Sie schon immer mal über das geistige Reich wissen wollten. Lernen Sie den Aufbau der geistigen Sphären kennen und was man für Voraussetzungen in seiner Seele erfüllen sollte, um in diesem großen Reich, unserer wahren Heimat, sich weiterzuentwickeln.

Das Geheimnis unserer Gedanken
Martin Fieber (Hrsg.)
160 Seiten - **ISBN 978-3-935422-10-9**
Was ist das Denken? Wie funktioniert es? Was ist Intelligenz? Wie funktioniert Telepathie? Und wo sitzt die Erinnerung? Was ist die Aufgabe unseres Gehirns? Wo findet das Denken eigentlich statt? Was ist der Unterschied zwischen Inspiration und Intuition? Auf diese und viele andere Fragen hat der Lichtträger Elias eine überzeugende und logische Antwort parat. Jeder wahrlich Interessierte wird mit diesem wegweisenden, ja revolutionären Buch einen Schatz in Händen halten, der eine lebenslange Bereicherung sein wird.

Reinkarnation und Religion
Martin Fieber (Hrsg.)
320 Seiten - **ISBN 978-3-935422-11-6**
Was bedeutet Reinkarnation? Was ist göttlicher Glaube? Worin irrt die Kirche? Was ist wahrer Spiritualismus? Kann ein Atheist einen größeren Glauben besitzen als der Papst?
Reinkarnation, Religion und Spiritualismus oder die Lehre der Grenzwissenschaft, kann man nicht trennen, es gehört alles zusammen. Ganz selten wurden bisher diese miteinander verwandten Bereiche unserer Religio, also unserer Rückverbindung mit Gott, in einem Buch dargestellt. Wie immer fasst Elias dieses große und wichtige Thema in einfache aber klare Worte.
*„Das Leben ist viel wichtiger als eine Zeremonie. Die wahre Religion ist kein Ritual, sondern ein heiliger Dienst am Menschen." (*Elias*)*

Gedanken für den Weltfrieden
Martin Fieber (Hrsg.)
176 Seiten - **ISBN 978-3-935422-49-9**
Dieser wunderschöne Geschenkband enthält eine Sammlung verschiedenster Gedanken von Elias und der geistigen Welt, die jeden friedliebenden Menschen ansprechen werden. Die einfachen, brillanten Gleichnisse und Beschreibungen sind heutzutage aktueller denn je.

Die Blaue Reihe

Diese Buchreihe umfasst die Ergebnisse der Forschungsarbeit des Medialen Friedenskreises Berlin, der damals von geistiger Seite unter anderem von Elias geleitet wurde.

Band 1: Jesus Christus
Martin Fieber (Hrsg.)
80 Seiten - **ISBN 978-3-935422-01-7**
War Jesus Christus die Inkarnation Gottes? Was hat er bis zu seinem 28. Lebensjahr gemacht? Ist er wirklich für uns Menschen gestorben und hat alle Sünden auf sich genommen? In diesem Buch finden Sie Wahrheiten und Antworten auf viele Fragen zu der größten Seele, die je auf diesem Planeten lebte.

Band 2: Das Sterben
Martin Fieber (Hrsg.)
160 Seiten - **ISBN 978-3-935422-02-4**
Was geschieht im Augenblick des Todes? Was geschieht bei tödlichen Unfällen oder Selbstmord mit der Seele? Wie wirkt sich Trauer von Hinterbliebenen auf das Befinden der ‚Verstorbenen' aus? Das Tabuthema vieler Menschen wird an der Wurzel gepackt. Die große Bedrohung wird durch dieses Buch in ein vertrautes Wissen umgewandelt. Das

Weiterleben der Seele nach dem körperlichen Tod wird erläutert und nachgewiesen.

Band 3: Die Stimme Gottes
Martin Fieber (Hrsg.)
64 Seiten - **ISBN 978-3-935422-03-1**
Ein provokanter Titel für ein Buch, in dem ein hohes Geistwesen stellvertretend für die göttlichen Sphären spricht. Es wird aufgezeigt, wie die Geschehnisse auf diesem Planeten von einer höheren Warte aus gesehen werden. Gesellschaft, Politik, Wissenschaft und Kirche werden in einer für jedermann verständlichen Weise unter die Lupe genommen, die Probleme beim Namen genannt und Lösungsvorschläge gemacht. Hier wird Klartext geredet!

Band 4: Die mediale Arbeit
Martin Fieber (Hrsg.)
176 Seiten - **ISBN 978-3-935422-04-8**
Was ist Medialität? Welche Voraussetzungen müssen für mediale Arbeit erfüllt sein? Welche Gefahren gibt es im Verkehr mit der Geisterwelt Gottes? Im Dialog mit der geistigen Welt werden die wichtigen Grundbedingungen und Gesetzmäßigkeiten genannt, die für positive mediale Arbeit unerlässlich sind. Es wird deutlich auf die Gefahren des Spiritismus hingewiesen und aufgezeigt, wie gute und schlechte Medien bzw. mediale Kontakte unterschieden wer-

den können. Dieses Buch klärt auf und warnt vor Leichtsinnigkeit.

Band 5: Der Schöpfer – Der Widersacher
Martin Fieber (Hrsg.)
160 Seiten - **ISBN 978-3-935422-05-5**
Wer und was ist der Schöpfer? Warum lässt Gott so viel Leid zu? Gibt es einen Widersacher?
Die geistige Welt hat hier den Versuch unternommen, in uns verständlichen Worten die Existenz Gottes und seine grandiose Schöpfung zu beschreiben. Außerdem kommt die Tragik der Geschehnisse um Luzifer, den Widersacher, deutlich zum Ausdruck. Sie finden Erklärungen zu einem Bereich des Glaubens, den die Kirche uns verschweigt.

Band 6: Die Seele – Der Schutzpatron
Martin Fieber (Hrsg.)
128 Seiten - **ISBN 978-3-935422-06-2**
Seele – was ist das? Wie funktioniert das Zusammenspiel von Seele, Geist und Körper? Hat jeder Mensch einen persönlichen Schutzpatron, und wie macht sich der bemerkbar? Die geistige Welt bringt uns das Thema auf deutliche Art und Weise nahe und führt uns in das Thema der Reinkarnation ein.

Band 7: Krankheit, Heilung und Gesundheit
Martin Fieber (Hrsg.)
176 Seiten - **ISBN 978-3-935422-07-9**
Was sind die Hauptursachen von Krebs? Worauf sollte man bei der Ernährung achten? Gibt es eine geistige Heilung und wie funktioniert sie? Welche Folgen hat der Genuss von Alkohol und Nikotin für Seele, Geist und Körper? Die geistige Welt hilft uns, Ursachen vieler Krankheiten zu erkennen. Außerdem werden Maßnahmen zur ganzheitlichen Heilung bzw. Gesunderhaltung beschrieben. Weitere Schwerpunkte sind Gebet, Drogen und Karma.

Set „Die blaue Reihe" – Band 1 bis 7
Martin Fieber (Hrsg.)
944 Seiten
ISBN 978-3-935422-29-1

Weitere Bücher aus unserem Verlag

Strömende Stille
Hermann Ilg
96 Seiten - **ISBN 978-3-935422-55-0**
Dieser Band enthält Gedichte von kosmischem Charakter, ebenfalls von der geistigen Welt uns Menschen überreicht. Es sind wunderschöne Verse, die Herz und Seele berühren.
Ein Büchlein, das auch als Geschenk gut geeignet ist. Mit einfühlsamen Zeichnungen.
„Die tiefste Wahrheit strahlt in den Gedichten auf, die einfach sind wie Kinderworte. Damit sind Sinn und Bedeutung der Gedichte von Hermann Ilg umrissen. Sie sind Meditationen in Versen, Lautwerdungen mystischen Natur-, Geist- und Gott-Erlebens. Sie enthüllen mit wenigen Worten verborgene Weisheit und Gewissheit."
(K.O. Schmidt)

Die große Begegnung
Herbert Viktor Speer
208 Seiten - **ISBN 978-3-935422-66-6**
Ergreifender Erfahrungsbericht von Begegnungen mit der lichten und lichtlosen Jenseitswelt. Der Autor, der den früheren Medialen Friedenskreis Berlin gegründet hat und dessen Botschaften in der ganzen Welt bekannt waren, schildert hier seinen ergreifen-

den spirituellen Weg. Jeder Weg zur Bewusstwerdung ist irgendwann einmal ein sehr schwieriger und beschwerlicher. Herbert Victor Speer suchte sich einen manchmal nicht in Worte fassenden Weg aus, der in einem Kampf mit der Dunkelheit seinen Höhepunkt fand. Seine Erlebnisse sind sehr ehrlich und sehr wahrhaftig geschrieben. Dieses Buch ist nichts für schwache Nerven, aber jeder, der dieses Buch liest, geht von nun an mit anderen Augen durch die Welt.

Das goldene Band
Maliesa Nasilowski
310 Seiten - **ISBN 978-3-935422-67-3**
Gibt es ein Leben nach dem Tod? Und wenn es eines gibt, wie geht es dann weiter? Die Autorin gibt in unorthodoxer Weise Auskunft über diese Fragen. Dieses Buch zeigt, wie durch „Das goldene Band" die Autorin über Elias mit ihrem Mann Horst zusammengeführt wurde, und es beginnt mit der Schilderung seines Überganges vom irdischen Leben ins geistige Reich. Nach einigen Monaten ist sogar eine Kontaktaufnahme mit Horst im Spirituellen Forschungskreis Bad Salzuflen (SFK) mittels eines Mediums möglich.
In 24 einzigartigen Protokollen von medialen Sitzungen des SFK wird über ein Leben nach unserem Tod berichtet, und es werden Einblicke in die Tätig-

keiten der Jenseitigen gewährt. Es wird geschildert, wie Horst im geistigen Reich in Empfang genommen wurde, wo er dann seinen früher verstorbenen Sohn wieder traf.

Immer wieder werden die unterschiedlichsten Aspekte des irdischen Lebens mit der Weisheit von Lichtboten und Lichtträgern erklärt. Dieses Buch ist ein Schatz an geistigem Wissen.

Das Geheimnis der kosmischen Energie Reiki
Gertrud A. Manasek
ca. 300 Seiten - **ISBN 978-3-935422-69-7**

Dieses Buch ist in drei Teile untergliedert. Es umfasst alle drei Reiki-Grade in Form von Erlebnisberichten, in die die Erfahrungen aus vielen Reiki-Seminaren eingeflossen sind. Der Leser fühlt sich sofort und unmittelbar aktiv mit einbezogen und wird so zum aktiven Teilnehmer dieser Seminare.

Ein weit gespannter Bogen unterschiedlichster Themen erwartet den Leser. Dieses Buch ist eine Fundgrube für jeden bewusst lebenden Menschen und führt ihn über die einzigartige Reiki-Energie zu seinem wahren Selbst. Das Besondere an diesem Buch ist außerdem noch, dass es die Lehren der Santiner enthält und wertvolle Hinweise von ihnen für die Reiki-Arbeit bereithält.

Das Buch ist als weiterführende Literatur für Reiki-Praktizierende gedacht, es ist nicht für Einsteiger.

Das Gnadengeschenk Reiki II
Gertrud A. Manasek
160 Seiten - **ISBN 978-3-935422-62-8**
Im zweiten Teil der Reiki-Trilogie nimmt die erfahrene Reiki-Lehrerin die vielen konstruktiven und weiterführenden Gedanken und Anregungen aller Reiki-Schüler auf. Den interessierten Leser erwarten viele praktische Hinweise für den Umgang mit sich selbst, aber auch meditative Impulse und Lebensweisheiten hohen Grades mit dem Reiki Grad II.

Das Mysterium der Reiki-Meister-Energie
Gertrud A. Manasek
160 Seiten - **ISBN 978-3-935422-63-5**
Der dritte Teil des Buches beschreibt die konsequente Fortführung, Weiterentwicklung und Vervollkommnung des einmal beschrittenen Reiki-Weges, der in die allumfassende Harmonie der universellen Lebensenergie Reiki führt. Der Leser wird mit einer Fülle von spirituellem Wissen, vertieften Detailkenntnissen und mannigfaltigen, leicht in die Praxis umsetzbaren und in das tägliche Leben integrierbaren Hinweisen vertraut gemacht.
Ein Reiki-Buch für Fortgeschrittene und solche, die ihr Wissen mit kosmischem Wissen vervollständigen möchten.

Steh' endlich auf!
Martin Fieber
128 Seiten - **ISBN 978-3-935422-47-5**
Dieser lehrreiche Erfahrungsbericht beschreibt die Abgründe einer spirituellen Abhängigkeit bis ins kleinste Detail: von den anfänglichen euphorischen Gefühlen, über die Hölle der seelischen Schmerzen, bis zurück in die Freiheit des normalen Lebens. Er wird ergänzt von einem Leitfaden, welcher den Weg zu finden hilft durch den Jahrmarkt der heutigen Esoterik und den Dschungel der dazugehörigen Seminarangebote. Spannend, ehrlich und wahrhaftig geschrieben. Dieses Aufklärungswerk könnte Leben retten.

Machu Picchu – Die Stadt des Friedens
Martin Fieber
192 Seiten, 125 farbige Abbildungen
ISBN 978-3-935422-48-2
Machu Picchu ist nicht nur die beliebteste Touristenattraktion Perus sondern ganz Südamerikas. Und doch ist Machu Picchu immer noch eines der größten Geheimnisse der Welt. Das Buch ist eine spannende Reise zu diesem magischen Ort in den Wolken, in die Vergangenheit Perus, in die Geschichte unseres Planeten und zur eigenen Seele. Wie es schon bei den ägyptischen Pyramiden war, gibt es auch bei der berühmten Inkastadt keinen Zweifel,

dass die Bauweise der Fundamente der dortigen Gebäude außerirdischen Ursprungs ist.

Poster Machu Picchu
64 cm breit / 45 cm hoch - **ISBN 978-3-935422-46-8**
Ein Motiv aus obigen Buch. Allein das Anschauen des Bildes lässt Sie einen Hauch dieses magischen Friedens erleben.

Die Bauten der Außerirdischen in Ägypten
Hermann Ilg – Helmut P. Schaffer
160 Seiten , 70 Fotos **- ISBN 978-3-935422-59-8**
Dieses Buch enthält eine Fülle von Beweisen für die Beteiligung außerirdischer Menschen an der Errichtung der großartigsten Bauwerke dieses Planeten. Durch die inspirative Hilfe von Geistwesen und Santinern gelingt es Hermann Ilg mit überzeugend einfacher Logik und anhand von Fotografien, uns dieses spannende Thema näher zu bringen. Es wird lebhaft beschrieben, wie es seinerzeit gelingen konnte, innerhalb kürzester Zeit diese gewaltigen Steine in absoluter Perfektion aufeinander zu türmen. In leicht verständlichen Worten werden Sinn und Zweck der Pyramiden und anderer Bauten erklärt.

Die Santiner
Martin Fieber (Hrsg.)
240 Seiten - **ISBN 978-3-935422-08-6**
Diese Botschaften wurden ebenso wie ‚Friede über alle Grenzen' und die ‚Blaue Reihe' im Medialen Friedenskreis Berlin (MFK) übermittelt. Wer sind die Santiner? Wo und wie leben sie? Welchen Auftrag haben sie? Hier erfahren Sie, warum die Santiner sich im Bereich unseres Planeten aufhalten, was sie uns zu sagen haben und vieles mehr. Einige eindringliche Reden ihrer Führungspersönlichkeit Ashtar Sheran bilden den Kern dieses Werks. Zusätzlich enthält das Buch weitere Botschaften von Ashtar Sheran und anderen Santinern aus der Zeit bis 2003. Diese wurden im Spirituellen Forschungskreis Bad Salzuflen empfangen, der die Arbeit des MFK fortführt und eng mit unserem Verlag zusammenarbeitet.

Die Botschaft der Santiner
Martin Fieber (Hrsg.)
448 Seiten - **ISBN 978-3-935422-60-4**
Ashtar Sheran, die Führungspersönlichkeit der Santiner, nimmt Stellung zu den Gegebenheiten auf unserem Planeten. Ob Religion, Wissenschaft oder Politik, es wird aufgezeigt, wie hilflos wir unseren Problemen in allen Bereichen gegenüberstehen. Ashtar Sheran gibt wertvolle Hinweise zur Bewälti-

gung unserer Schwierigkeiten. Eine konsequente Umkehr ist dafür Voraussetzung.

Dieses Buch enthält unter anderem einige mediale Zeichnungen von Santinern, Raumschiffen, Raumstationen und technischen Geräten der Santiner. Die Botschaften und Zeichnungen wurden durch mediale Handführung im Medialen Friedenskreis Berlin übermittelt. Dieses Buch enthält die früheren 14 Broschüren „Friede über alle Grenzen", endlich in einem Buch zusammengefasst.

Die Mission der Santiner
Hermann Ilg
240 Seiten - **ISBN 978-3-935422-58-1**
Die Mission der Santiner ist ein beispielloser Liebesdienst, den eine treu zu Gott stehende außerirdische Brudermenschheit, die Santiner, in vorbildlicher Weise für die irdischen Menschen erfüllt. Hier wird die aufwändige Mission umfassend beschrieben. Zusätzlich enthält das Buch eine kurze Gruß-Botschaft von Hermann Ilg selbst aus dem Jahre 2004, die er uns über ein ihm schon aus irdischen Zeiten bekanntes Medium übermittelt hat, und eine Botschaft der Santiner sowie eine abschließende Rede von Ashtar Sheran.

Das Leben der Santiner
Hermann Ilg
320 Seiten - **ISBN 978-3-935422-43-7**
Wie leben die Santiner? Wie sieht ihr Tagesablauf aus? Wie unterscheidet sich ihr Heimatplanet von der Erde? In diesem Buch erfahren Sie mehr über die Santiner und ihr Wesen, wie sie wohnen, wie sie denken und was sie uns Menschen auf der Erde mitteilen möchten.
Ergänzt werden sie mit aktuellen Durchgaben der Santiner, die in den letzten Jahren im SFK erfolgten.

Glaubst du an dich, glaubst du an Gott!
365 Tage mit den Santinern
Martin Fieber (Hrsg.)
208 Seiten
ISBN 978-3-935422-41-3
Lassen Sie sich von den Santinern, einer Menschheit aus dem Sternbild Alpha Centauri, in Ihrer seelischen und geistigen Entwicklung durch jeden Tag des Jahres begleiten. Ihre Klaren und deutlichen Worte rütteln uns auf, damit wir endlich beginnen, aufzuwachen.

Seele des Friedens
Martin Fieber
128 Seiten - **ISBN 978-3-935422-65-9**
Dies ist eine kleine Geschichte über Ängste und wie man sie in aufbauende Energie umwandelt. In Mut machenden Worten empfängt eine kleine Seele von einer großen Seele Antworten auf ihre innersten Ängste und Empfindungen. In spielerischer Form werden über 40 Ängste besprochen und lassen so den Sinn hinter den Ängsten erkennen. Abschließend wird aufgezeigt, wie man seine Ängste an die geistige Welt abgeben kann. Dieses Buch tritt in die Spuren von Khalil Gibrans ‚Der Prophet'.

Der Zurückgekehrte
Ein historischer Roman über Jesus Christus und die Santiner
Martin Fieber
704 Seiten - Gebunden mit Lesebändchen
ISBN 978-3-935422-68-0
Michael ist ein moderner junger Mann ohne jegliche Bindung an die christliche Religion. Doch eines Tages bricht er zu einem Besuch der Ausgrabungsstätte Khirbet Qumran auf – ein Traum hat ihm die Reise dorthin nahegelegt. Am Ziel findet er einen Koffer aus einem Metall, das es auf der Erde nicht gibt. Dieser Koffer enthält Filmaufnahmen, die das Leben einer innigen Freundschaft zeigen, einer

Freundschaft des jungen Schreibers Josua mit dem Menschen Jesus. Beim Sichten der Filmaufnahmen erkennt Michael immer stärker, dass ihn mehr mit dem Menschen Jesus Christus verbindet als er jemals für möglich gehalten hätte.

Dieser historische Roman über Jesus Christus und seine Verbindung zu dem großen heiligen Geschlecht der Santiner macht auf eindrucksvolle Weise deutlich, dass sich auch heute noch jeder von uns im Bann der Gestalt Jesus Christus befindet, dem er sich nicht entziehen kann.

Das Buch hat das Potential, ein wahrer Klassiker der spirituellen Literatur zu werden. Spannend und bodenständig. Vielleicht bleiben auch Sie am Ende sprachlos zurück und fragen sich, ob es sich nicht vielleicht genauso abgespielt haben könnte...

„Ein wunderbares Buch!" Elias
„Ich beneide jeden Leser, der es noch nicht gelesen hat: Er hat es noch vor sich."
„Was für ein Buch! Danke für diese wunderbare Geschichte um Jesus und Josua, sie hat mich tief in meiner Seele berührt. Was soll ich danach noch lesen, was mich ähnlich fesseln könnte?"

Wo ist Gott zu suchen?
Gott ist nicht im Außen zu finden, sondern im Inneren. Immer in der eigenen Seele. Und wenn man an sich glaubt, an seine Stärke, an seinen Mut, so glaubt man auch automatisch an die göttliche Energie.
So glaubt man automatisch an Gott.